KB067278

마케터의 문장

HITO MO OKANE MO UGOKASU CHOSUGOI! BUNSHOJUTSU
by Akinori Kanagawa

마케터의 문장 ———— •

**글쓰기 스킬로
연수입 10배 올린
어느 현직 마케터의
실전 테크닉 33**

가나가와 아키노리 지음
김경은 옮김

INFLUENTIAL
인 플 루 엔 셜

문장 쓰기 기술을 익힌 후
연매출이 10배가 되었습니다

오래전 친구 결혼식에 참석했을 때의 일이다. 결혼식 이벤트 중 신부가 부모님께 보내는 편지를 낭독하는 순서가 있었다. 결혼식 당일에 신부를 처음 봤는데도 불구하고 나도 모르게 감정이 이입되어 눈물이 나고 말았다. 드라마 같은 과거를 이야기하는 것도 아니고, 부모님과의 추억이나 감사의 말이 전부인 평범한 내용이었다. 하지만 눈시울이 붉어지는 것은 어쩔 수 없었다.

그때 새삼 깨달았다. 문장에는 사람의 마음을 움직이

는 힘이 있고, 사람의 마음을 움직이는 문장이야말로 '좋은 문장'이라는 것을. 그리고 사람의 마음을 움직이는 문장을 쓰는 데에는 유창한 언어 실력도, 어려운 단어도 필요 없다는 사실을.

결혼식에 하객으로 참석해 신부의 편지를 들으며 '접속사를 잘못 썼네', '어휘력을 늘리는 게 좋겠어'라고 꼬투리 잡는 사람은 아마 없을 것이다. 만약 그 자리에서 신부가 극존칭을 썼다면 감동이 싹 가셨을지도 모른다. "엄마, 지금까지 키워주셔서 정말 고마워요"라고 했으니 가슴이 뭉클했지, "어머니께 깊은 감사의 말씀 올립니다"라고 했으면 감동은커녕 '엄마한테 왜 저렇게 말해?'라고 생각하지 않았을까. 이처럼 하객들이 신부의 편지를 듣고 마음이 움직였던 이유는, 잘 쓰려고 애쓴 문장이 아니라 상대를 생각하며 쓴 문장이었기 때문이다.

'공감의 시대'라고 하는 요즘, 사람의 마음을 움직이는 문장의 중요성은 점점 높아지고 있다. 예를 들어 일반 소비자를 대상으로 하는 기업에서는 다양한 채널을 통해 이야기하고 팬을 모은다. 같은 주제에 관심 있는 사람들이 모이면서 관계성이 생기고 제품과 서비스에 대한 충성심도 높아져 그 효과는 단순 계산을 넘어선다. 그러니 기업 입장에서는 '어떻게 하면 훌륭한 제품을 만들 수 있을까?'보다 '어떻게 하면 사용자에게 사랑을 받을 수 있을까? 어떻게 하면 자연스럽게 이 제품을 알리고 SNS에서 반응을 얻을 수 있을까?'를 중시하게 된다. 신문이나 라디오 등 대중매체를 통한 광고로 물건이 팔리는 시대는 이미 지났다. 지금은 SNS에서 정보를 공유하고 스토리를 파는 것이 당연한 시대다.

사내 커뮤니케이션을 봐도 기존의 톱다운 방식(상부에서 방침을 정하고 하부에 지시하는 방식)에서 벗어나, 다양한 의견이 오가며 조화를 지향하는 쌍방향 소통 능력이 요구된다. 리더십의 형태도 카리스마형에서 팔로우십형으로 바뀐 지 오래다. 이런 커뮤니케이션 활동에서 큰 비중을 차지하는 것 역시 사람의 마음을 자극하고 사람을 움직이게 하는 문장이다.

개인적인 관점에서 보면 문장의 중요성은 더욱 분명하다. 요즘 우리는 일을 할 때든 친구와 연락을 할 때든, 전화를 사용하는 경우가 현저히 줄었다. 사무적인 연락이나 상담, 잡담 등 대부분의 대화는 카카오톡이나 페이스북 메신저 같은 채팅 어플에서 이루어진다. 모두 문자를 기본으로 한다. 실제로 요즘은 고백이나 이별, 업무 상담, 퇴사 통보를 아무렇지 않게 카카오톡이나 문자 메시지로 하는 추세다.

이렇게 된 배경에는 '탈형식주의'라는 시대의 큰 흐름이 있다. 원래 메일은 종이 편지의 연장이어서 보내는 사람과 받는 사람에 대한 정확한 명시, 시작과 끝맺음 인사, 정확한 내용 전달 등 엄격한 규칙이 많았다. 하지만 채팅은 자연스러운 대화의 연장선상에 있다. 그래서 더 자유로운 문장을 구사할 수 있고 더 인간적인 커뮤니케이션이 이루어진다는 점이 두드러진다.

전화나 대면으로 이루어지던 대화를 문자로 하다 보니, 말을 잘하는 능력보다는 문장을 잘 쓰는 능력이 더 중요해졌다. 얼마나 좋은 문장, 얼마나 상대의 마음에 와닿는 문장을 구사하느냐에 일, 혹은 인간관계의 성패가 달린다고 해도 과언이 아니다. 즉 문장력이 높을수록 일이 생각대로 착착 진행되는 경우가 많아지는 것이다.

개인적인 관점에서 또 다른 큰 변화는 개인과 개인이 직접 연결된다는 사실이다. 물론 그 요인은 SNS의 보급이다. 아무리 짧고 단순한 문장이라도, 자신을 표현할 수 있는 것이라면 괜찮다. 유명하지 않더라도, 팔로워가 많지 않더라도 좋다. 그저 자신의 감상을 표현하기만 하면 된다. 이렇게 일반인이라도 문장을 전달할 기회가 점차 늘어나고, 그중에서도 사람들의 공감을 얻은 문장은 불특정 다수에게 널리 퍼져 자신도 모르는 사이에 엄청나게 회자되는 경우가 생기기도 한다.

SNS가 보급되기 전까지, 내가 쓴 글을 읽는 독자는

한정되어 있었다. 그래서 당시에는 문장력을 대단히 중요하게 생각하지 않았다. 하지만 지금은 완전히 달라졌다. SNS의 파급력은 대단해졌고, SNS에서 맺은 인맥이 돈과 같은 자산으로 간주된다. 그런 점에서 인맥 쌓기의 계기가 되는 개인의 문장력은 상상 이상의 큰 의미를 갖게 되었다.

문장력을 갖추면 어떤 일이 생길까? 예를 들어 상품 리뷰를 쓸 경우, 내가 가진 지식과 각 상품의 장단점을 일목요연하게 정리해 올리면, 수억 원의 돈을 들여 제작한 상업 광고보다 더 많은 사람들의 이목을 끌게 된다. 이미지와 과대광고에 피로감을 토로하는 사람들에게는 신빙성 있는 문장이 더 큰 효력을 가지기 때문이다. 그렇게 전문성을 갖추게 되면 리뷰 전문 블로거처럼 수익을 올릴 기회가 생긴다.

이뿐이 아니다. 세상의 이슈에 대해 자신만의 생각과 감정이 담긴 단단한 문장으로 울림을 줄 수 있다면, 같은 뜻을 가진 전국 각지의 사람들과 쉽게 연결될 수 있다. 문장력을 셀프 브랜딩 수단으로 사용하여 팔로워를 늘리고 본업에 활용할 수도 있다.

이렇게 사람들의 공감을 얻고 그들의 마음을 자극하거나 상대를 설득하는 문장을 쓸 수 있으면 본업이든 부업이든 사적인 일이든, 어떤 곳에서도 활용할 수 있는 '강력한 무기'를 손에 쥔 셈이다. 게다가 문장력이라는 스킬은 한 번 얻으면 쉽게 사라지지 않는다는 강력한 이점을 갖고 있다.

'문장력이라고? 옛날에 국어 성적도 꽝이었는데, 자신 없어'라고 생각하는 사람도 많다. 하지만 대단한 소설이나 깊이 있는 지식을 다루는 교양서를 쓰라는 게 아니다. 쉽고 정확하게, 사람들에게 '잘' 전달할 수 있는 문장을 쓰자는 것뿐이다. 나는 이 책에서 읽기 쉬운 문장을 쓰는 법도 언급하지만 가장 중요하게 말하고 싶은 내용은 한 가지다. 좋은 문장은 독자가 '읽고 싶어하는' 문장이다.

사실 나 역시 20대 초반까지 문장력에 대해 깊이 생각해본 적이 없었다. 논문 성적도 좋지 않았고 글솜씨도 별로였다. 원래 대형 회계사무소에서 근무했는데, 일은 바빴지만 생활은 안정적이었다. 하지만 미래가 뻔히 보이는 환경에 싫증이 나서 다른 일을 찾기 시작했다. 그러던 중 때마침 웹 마케팅을 접하고 새로운 일에 도전하게 되었다. 이른바 어필리에이트(개인 웹사이트나 블로그에 광고성 글을 올리고 물건이 팔리면 수익을 얻는 개인이나 사업자) 블로그 운영인데, 상품의 장점을 전하고 독자의 관심(클릭)을 받아 수입을 얻는 일이었다.

처음에는 단순한 부업으로 시작했다. 퇴근 후 집에 돌아와 잠자는 시간도 아껴가며 글을 올렸다. 회사에서 일을 하면서도 쉬는 시간에, 또는 화장실에서 글을 썼다. 글 쓰는 일은 생각보다 만만치 않았다. 웹상에서 범람하는 수많은 글 속에서 사람들이 내가 쓴 것을 골라 읽게 만들어야 했다. 글을 읽는다고 끝이 아니었다. '사고 싶다!'라는 느낌을 주는 것이 중요했다. 거기다 블로그 글을 두 번 읽는 사람은 없으니, 기회는 단 한 번뿐이었다.

당시 나는 아마추어였기 때문에 처음에는 거의 돈을 벌지 못했다. 시급으로 환산하면 2,000원도 채 되지 않았다. 초조해진 나는 서점에서 문장 쓰기 기술에 관한 책을 구입했다. 처음에 산 것은 소설가 지망생들이 읽는 책이었다. 참고가 되지 않았다고 하면 거짓말이지만 유감스럽게도 매출에는 별 도움이 되지 않았다.

그래서 그다음에 선택한 것이 블로그 콘셉트와 어울리는 글쓰기가 가능한 마케팅 관련 서적이나 행동심리학 책이었다. 영업 세미나에도 적극적으로 참석했다. 당시 나는 문장력뿐 아니라 화술, 영업력도 아마추어 수준이어서 전문가의 노하우를 배워야 했다.

나는 그렇게 배운 방법들을 문장 쓰기에 하나씩 반영했다. 처음에는 좀 서툴렀지만 결과는 기대 이상이었다. 나름 글쓰기 비법들을 문장에 적용했더니 놀랍게도 즉시 효과가 나타나는 게 아닌가. 한 번 자신감이 붙으니

다음부터는 글 쓰는 속도도 빨라지고, 아이디어도 더 많아졌다. 결국 회사를 그만둘 결심을 했고, 본격적으로 나의 장점을 살리는 길로 들어섰다.

그것이 불과 7년 전의 일이다. 지금 나는 회사원 시절의 10배나 되는 연봉으로 일을 하고 있고, 책 집필 의뢰도 꾸준히 들어온다. 인생이 이만큼 변한 것도 마케팅과 영업을 기본으로 한 '사람과 돈을 모으는 문장 쓰기 기술'을 익힌 덕분이다.

문장력을 높이면 모든 일이 다 잘된다고 과장하지는 않겠다. 하지만 문장력을 끌어올리면 일과 인생이 이전보다 훨씬 더 순탄해진다는 점은 자신 있게 말할 수 있다.

✱ 수입이 늘었으면 좋겠다.
✱ 팔로워를 더 늘리고 싶다.
✱ 영향력이 있으면 좋겠다.
✱ 사람들의 행동을 바꾸고 싶다.

이 책은 이런 소망을 가진 사람들을 위해 썼다. 국어 선생님이 아니기 때문에 문법적인 면과 같은 언어의 정석에 대해서는 부족함이 있다. 하지만 이 책에서 언급하는 내용은 내가 실제로 배우고 사용해보고 정말 효과가 높다고 생각한 방법들이다. 어떤 문장 쓰기 책보다도 실용적인 내용으로 이루어졌다고 자부한다.

책의 1장에서는 문장 쓰기 기술이 우리에게 미치는 변화에 대해 정리했다. 2장부터 5장까지는 문장의 기술적인 부분에 대한 이야기인데, 문장의 목적과 각각의 난이도에 따라 '초급편: 전해지는 문장 쓰기', '중급편(1): 공감받는 문장 쓰기', '중급편(2): 흥미를 끄는 문장 쓰기', '고급편: 행동하게 만드는 문장 쓰기'로 나누었다.

이 책을 통해 지금까지 당신이 아무렇지 않게 쓴 문장을 다시 돌아보는 계기를 만들었으면 좋겠다. 내가 그랬던 것처럼 당신도 자신만의 강력한 무기를 얻어 모든 일이 순조롭게 풀리기를 바란다.

차례

★ 2장 "마케팅 글쓰기는 처음인가요?"
초급편: 전해지는 문장 쓰기

★ 3장 "이제 조금 익숙해졌다면"
중급편(1): 공감받는 문장 쓰기

★ 4장 "자신감이 붙은 당신에게"
중급편(2): 흥미를 끄는 문장 쓰기

★ 5장 "내가 쓰는 글은 저절로 돈이 된다"
고급편: 행동하게 만드는 문장 쓰기

1장

**'마케터의 문장'을
당신의 스펙으로 만드는 법**

1초 만에
나를 알리는
가장 확실한 방법

이력서, 유튜브, 인스타그램 등등
셀프 브랜딩의 기본은 한 줄 문장입니다.

잠시 타임머신을 타고 몇 년 전으로 돌아가 TV나 잡지가 정보를 전달하는 역할을 맡았던 매스미디어 시대를 떠올려보자. 개인의 브랜드 가치를 높이고 팬을 모으는 사람은 누구였을까? 정보 전달 기회가 집중된 일부 특정인뿐이었다. 그러나 소셜미디어 시대가 된 지금은 누구나 자기만의 미디어를 가질 수 있다. 그것도 저렴한 비용으로 말이다.

그 결과, 평범한 일반인도 실력과 노력 여하에 따라 유명해질 기회가 생겼다. 하지만 기회가 평등해진 것이지, 결과까지 같아졌다는 뜻은 아니다. 소셜미디어는 '수많은 선택지'를 선사함과 동시에 '극심한 경쟁'을 초래했다. 누구나 뛰어들어 기회를 얻을 수 있지만, 획기적이고 신선한 콘텐츠가 아니면 어느 하나 알아봐주지도 않고 브랜드로 구축할 수도 없다.

그래서 중요해지는 것이 바로 '셀프 브랜딩' 또는 '퍼스널 브랜딩'이다. 혹시라도 '브랜딩'이라는 말이 와닿지 않는다면 '신용을 높이는 행위'라고 생각하면 된다. 브랜드란 원래 신용이 쌓여 만들어진 결과물이다.

많은 사람들에게 셀프 브랜딩을 할 때 사용하는 아주 기본적인 정보 전달 수단이 바로 문장이다. 그 외에 사진(인스타그램)이나 음성(팟캐스트), 동영상(유튜브, 라이브 스트리밍) 등이 있지만 어떤 수단을 조합해도 문장만큼 기본이 되는 것은 없다.

퍼스널 브랜딩 컨설턴트 피터 몬토야는 그의 저서《브랜드로 승부하라》에서 퍼스널 브랜딩을 다음과 같이 정의했다.

> 당신의 퍼스널 브랜드는 강력하고 명석하며 긍정적인 인물상이자 사람들이 당신을 생각할 때 마음속에 떠오르는 것이다. 이는 사람들이 당신과 관련짓는 당신의 가치, 능력, 행동을 상징한다. 퍼스널 브랜드는 당신의 인상에 영향을 주며, 그 인상을 기회로 바꾸기 위해 만들어진 전문가로서의 또 다른 자신이다.

결국 셀프 브랜딩의 목적은 다음과 같이 이야기할 수 있겠다.

> 사람들이 내 이름을 들었을 때 가장 먼저 떠오르는 이미지를 전략적으로 컨트롤하여 비즈니스 또는 하고자 하는 일에 활용하는 것.

여기서 '전략적으로 컨트롤한다'는 점이 중요하다. 누군가는 "신용을 쌓으려면 있는 그대로의 모습을 보여주는 것이 좋다"라고 한다. 그 말도 맞기는 하다. 하지만 그것은 본래 지니고 있는 본인 모습이 충분히 매력적인 사람, 즉 어떤 의미에서 보면 선택받은 사람들에게만 적용되는 말이다. 평범한 사람이 자신의 모습을 솔직하게 보여봤자 평범할 뿐이다. 그래서는 주목을 받기 어렵다.

어떻게 보면 다행이랄까. 현시점에서 셀프 브랜딩을 의식하는 사람은 많지 않다. 그러니 최대한 빨리 시작하자. 브랜드를 구축하려면, 다시 말해 신용도를 높이려면 꽤 많은 시간이 필요하기 때문이다.

어떤 사람은 남들 눈에 띄는 것을 두려워하기도 한다. 튀는 행동은 질색이라며 일부러 피하는 사람도 있다. 하지만 대중이 셀프 브랜딩을 조금씩 신경 쓰기 시작하고, 경제 활동에서 중요한 마케팅 등이 셀프 브랜딩 위주로 흘러가는 분위기를 외면할 순 없다. 이런 흐름 속에서 쓸데없이 스스로를 과소평가하지 않기 위해서라도 문장 쓰기 기술을 익혀야 한다. 우리는 이미 '회사 의존 시대' 에서 '개인 서바이벌 시대'로 들어섰다. 다시 한 번 강조하지만, 이런 환경에서 살아남으려면 문장 쓰기 기술이 반드시 필요한 것이다.

또 한 가지, 셀프 브랜딩에 관심을 갖기 시작하면 '이상적인 나의 모습'을 항상 의식하게 된다. 여기에도 매우 큰 의미가 있다는 점에 주목하자. 어떤 목표를 갖거나 무언가를 절실하게 원하는 마음가짐은 자기 성장의 기본이다. 동기가 생기면 도전에 대한 강한 의지가 따라오고, 이것이 결국 큰 결과를 만들어내는 씨앗이 된다는 것을 기억해야 한다.

개인을 브랜드화할 수 있는 사회는 우리에게 엄청나게 큰 기회다. 세계적으로 유명한 싱어송라이터 저스틴 비버도 원래는 유튜브에서 인기를 얻어 음반 회사에 발탁된 신데렐라 보이이다. 캐나다에서 사는 평범한 소년이었던 그는 지금은 전 세계를 움직이는 팝 시장의 거물이 되었다. 무한대로 펼쳐진 무대에서 어떤 기회를 얻느냐에 따라, 그 기회를 얻어 자신의 능력을 얼마나 펼쳐낼 수 있느냐에 따라 미래는 바뀔 수 있다.

문장의 경우에도 우리가 활약할 수 있는 무대, 즉 사용 가능한 플랫폼은 얼마든지 있다. 자신의 생각을 사람들에게 전하고 싶으면 블로그나 포스트를 활용하면 되고, 책을 쓰고 싶다면 출판사를 거치지 않고 이북이나 플랫폼의 연재 서비스를 시도해볼 수도 있다. 프로모션을 하고 싶다면 소셜미디어를 이용하면 된다.

이렇게 셀프 브랜딩 환경은 충분히 갖추어져 있다. 그 다음은 우리가 행동으로 옮길지의 여부에 달려 있다.

02

나를 따르는 사람이
'돈'이고
'자산'이다

"이 사람 글, 느낌 좋은데? 완전 내 얘기잖아!"
공감형 글쓰기로 단번에 팬과 팔로워를 늘려보세요.

도쿄에는 10대, 20대 남성들로부터 압도적인 인기를 얻고 있는 '오션 도쿄'라는 미용실이 있다. 오픈한 지 5년 만에 도쿄에 다섯 지점, 오사카에 한 지점을 열었고, 입소문을 타고 전국 각지에서 손님이 모여들고 있다고 한다. 이곳의 어떤 점이 사람들의 이목을 끄는 것일까?

차별점을 찾아보았더니 미용사 모두가 SNS를 하고 있었다. 페이스북, 트위터, 유튜브나 블로그 등에 자신이 작업한 헤어디자인 사진과 글 등 정보를 올리면 각각에게 팔로워가 생긴다. 이 팔로워들을 중심으로 팬이 생기고, 결과적으로 고객을 유치하는 길이 넓어지면서 단골손님도 늘어났다고 한다.

비싼 돈을 들여 신문이나 TV, 또는 옥외 광고를 해서 고객을 모으는 시대는 지났다. 이 미용실의 아이디어는 개인이 셀프 브랜딩을 통해 팬이나 팔로워를 만드는 것이 비즈니스에서 얼마나 중요한지를 보여주는 좋은 예이다. 최근 대부분의 음식점, 잡화점은 물론 대기업에서도 SNS를 최대한 활용하여 고객과 직접적인 커뮤니케이션을 시도하는 이유 역시 바로 이와 같다.

나는 이곳의 전략에 공감하여 우리 회사 영업부 직원들에게 전부 SNS를 하게 했다. 글을 잘 못 쓰는 직원에게도 "괜찮아. 국어 테스트가 아니야. 꾸준히 하는 게 중요하지"라고 격려하며 SNS 활동을 이어갈 수 있도록 했다.

셀프 브랜딩을 지속하면 신용도에 비례하여 팬과 팔로
워가 늘어난다. 개인의 경우, 팬과 팔로워가 늘어난다는
것은 당신을 도와주고 격려하는 지지자가 많아진다는
뜻이다. 이들은 늘 당신을 지켜본다. 당신이 올리는 일상
하나하나에 환호하고, 만약 당신이 새로운 도전을 시작
하면 누구보다 뜨겁게 응원해주기도 한다. 믿음과 신용
이 쌓이고 쌓여 더 큰 신용을 부르는 상승효과가 일어나
고, 이제까지 혼자서는 할 수 없던 일이 가능해진다.

이제는 '팬과 팔로워', '신용'이라는 자산이 '돈'과 동등
하거나 그 이상의 가치를 갖는 시대가 되었다. 그리고 장
기적으로 더 큰 이익으로 돌아올 것이다.

여기서 시대 배경의 변화를 언급하지 않을 수 없다. 앞
으로는 개인과 개인의 '느슨한 관계'가 일상생활이나 경
제활동의 축이 된다. 같은 취미나 뜻을 가진 사람들이
인터넷 커뮤니티에서 소통하거나, 프리랜서들이 모여 회
사라는 틀 밖에서 큰 프로젝트를 함께 해내는 모습은

이미 당연한 일이 되었다. 인터넷 덕분에 서로 모르는 사람들끼리 교류하기가 쉬워졌기 때문이다.

개인과 개인이 직접 연결된 상태를 IT 용어로 P2P(Peer to Peer, 인터넷에서 개인과 개인이 직접 연결되어 파일을 공유하는 것)라고 한다. 전 세계가 P2P로 바뀌면서 팬이나 팔로워 수는 인맥 크기의 판단 기준이 되었다. 또한 개인과 기업의 시장 가치를 좌우한다.

현시점에서는 블로거나 유튜버, 온라인 모임 주최자 등이 이른바 팔로워 경제의 승자라고 할 수 있다. 이들은 시대의 선구자이며 트렌드를 주도하고 있다. 최근에는 이렇게 파워풀한 영향력을 지닌 이들을 가리켜 '인플루언서'라고 지칭하기도 한다. 이들을 통해 앞으로 더 일상적인 영역에서 P2P가 확산될 것이 틀림없다.

앞에서 느슨한 관계에 대해 이야기했는데 이것은 의무도 아니고 강제력도 없다. '그냥 좋다'라고 느끼면 연결되고, '뭔가 다른데?'라는 생각이 들면 거리를 둔다. SNS의

'좋아요'나 '팔로워'는 바로 그런 개념이고, 우리가 SNS에서 맺는 관계 또한 그런 느슨한 관계이다. 그래서 '공감'이라는 말이 중요한 키워드로 떠올랐다.

당신이 친구를 만날 때 이득과 손실을 따지지 않고 느낌을 중시하는 것과 마찬가지로 이 세계에서의 인간관계도 매우 감각적이다. 논리적이시 않아도 된다. 이 개념이 잘 이해되지 않거나, 나에게는 팬과 팔로워라는 말이 어울리지 않는다고 생각하는 사람은 이를 '동료'나 '서포터'라는 말로 바꾸어보자. 서포터가 많다고 싫어하는 사람은 아마 없을 것이다.

SNS에서는 개인과 개인이 연결되는 비중이 큰데, 인공지능이 각 이용자의 흥미와 관심사에 맞는 글을 선별하여 표시하고, 이를 추천해주기 때문이다. 즉 나의 관심사에 최적화된 정보가 들어오게 되는 것이다. 이것이 이른바 '필터 버블'인데, 우리도 모르는 사이에 수많은 정보들이 우리를 에워싸고 있다.

특정인의 공감을 얻을 수 있는 글을 쓰면 같은 가치관

을 가진 사람들의 타임라인에 그 글이 뜬다. 그리고 공감대가 형성되고 서로를 잇는 연결 고리가 형성된다. 우리는 확실히 인맥을 쌓는 데는 최고인 시대를 살고 있는 것이다.

독자들이 내 문장을 접하고 '느낌 좋은데?'라고 생각하면 동료나 서포터가 늘어난다. 크라우드 펀딩이 그 좋은 예이다. 크라우드 펀딩이란 무엇을 만들고 싶어하는 사람이 자신의 생각을 문장으로 써서 동료나 서포터를 모집하는 방법이다. 크라우드 펀딩에 참여하는 개인이나 사업체는 매우 다양하며 이들이 선보이는 제품이나 아이디어 또한 스펙트럼이 넓다. 하지만 성공 여부를 확신할 수 없는 남의 사업에 전혀 모르는 사람이 투자하는 행위가 솔직히 그다지 합리적이지는 않다고 생각하는 이들도 많을 것이다.

그래도 크라우드 펀딩에 돈이 모이는 이유는 제안자의 생각에 공감하는 사람이 있기 때문이다. '나는 젊을 때 꿈을 포기했다. 그래서 젊은이들의 꿈을 응원하고 싶다'

는 사람도 있고, '나도 같은 고민이 있지만 행동으로 옮기기가 어려웠다. 그래서 돕고 싶다'는 사람도 있다. 모두 키워드는 '공감'이며 '응원하고 싶다'는 감정이다. 이 공감이라는 감정을 이끌어내려면 자신의 생각을 문장으로 확실히 전할 수 있어야 한다. 이를 통해서도 우리에게 문장력이 절실히 필요한 이유를 찾을 수 있다.

03

한 번 익히면
평생 사라지지 않는
나만의 무기

이메일, 보고서, 제안서, 기획서, 광고 카피…
평생 써먹는 비즈니스 스킬이 생깁니다.

세상에는 일에 도움이 되는 자격증이나 스킬이 아주 많다. 토익이나 토플 같은 영어 시험 점수, 운전면허, 회계사나 세무사 같은 자격증 등…. 나도 학창시절에 공인회계사가 되어보겠다는 생각에 2년 동안 시험 공부에 매진하기도 했다.

하지만 자격증이나 스킬은 시대가 변하면서 그 가치가 사라질 가능성이 있다. 예를 들어 트럭이나 버스 운전면허를 갖고 있다고 해도 자율 주행이 본격적으로 시작되면 어떨까. 물류와 대중교통 같은 분야는 그 즉시 큰 변화를 맞게 될 것이다. 공인회계사 역시 자동화가 진행되면 지금처럼 많은 인원은 필요하지 않을지도 모른다.

하지만 문장 쓰기 기술은 거의 모든 일에서 사용되며, 그 가치가 사라질 일이 없다. 이직이나 독립, 투잡, 쓰리잡 등이 일반화된 시대에 문장 쓰기 기술만큼 즉효성이 있고 응용 범위가 넓으며 시간이나 노력 면에서 가성비가 좋은 스킬은 없다.

우리가 평소에는 별로 의식하지 않지만, 일을 할 때 쓰는 문장에는 반드시 목적이 있다. 정보를 전달하기 위해서라는 목적은 당연하다. 하지만 더 자세히 생각해보면 다음과 같은 사항을 떠올릴 수 있다.

* 설득하고 싶다, 남들의 생각을 바꾸고 싶다, 협상에서 이기고 싶다(설득력, 영업력, 협상력).
* 매력을 알리고 싶다, 감동시키고 싶다, 생각을 전하고 싶다, 비전을 보여주고 싶다(스토리텔링 능력).

★ 격려하고 싶다, 사기를 북돋아주고 싶다(코칭력).

★ 이해시키고 싶다, 가르치고 싶다(티칭력).

문장 쓰기 기술을 익히면 이런 일들은 어렵지 않다. 목적에 맞게 해당 스킬을 끌어올리면 효율적으로 내용 전달이 가능하다. 우리는 매일 다양한 문장을 쓰고 있다. 하지만 그것이 어떤 목적을 갖는지 의식적으로 떠올리지 않는 경우가 대부분이다.

문장은 각각의 뜻과 의미를 갖고 있다. 그렇기 때문에 각 문장마다 전달 대상과 목적이 다르고, 그에 따라 내용이나 형식, 강조해야 할 부분이 달라진다. 간결하게 필요한 내용만 전달할 것인지, 감성적으로 어필하면서 유려한 문장을 써야 하는지 등 제각기 전달 방법에 차별점을 두어야 하는 것이다.

내가 어떤 문장을 쓰느냐에 따라 일의 결과가 달라진다. 특히 사회생활을 앞두고 있거나 막 시작한 사람들이

라면 이 사실을 꼭 기억해두고, 문장 쓰기 스킬을 익혀야 한다고 거듭 강조하고 싶다. 사회생활의 대부분은 이메일 송수신, 보고서와 제안서 등 문서 작성이 차지한다고 해도 과언이 아니다. 이메일 하나로 계약 성사 여부가 결정되기도 하고, 보고서 하나로 팀의 성과가 좌지우지되는 경우도 비일비재하다. 그런 점에서 일을 잘하는 데 '문장 쓰기'가 얼마나 중요한지는 수십 번을 강조해도 모자라지 않는다.

같은 업무라면 좀 더 좋은 문장, 효율적인 문장으로 이목을 끄는 것이 좋다. 사회 초년생에게 이런 조언을 건네는 이는 많을 것이다. 별거 아닌 말로 흘려듣지 말고, 선배 혹은 상사의 문장 경험에도 귀 기울여보자.

04

그저 잘 쓰려고 했을 뿐인데
논리력과
고객중심 사고력까지 생기다니

나 아닌 '상대' 중심의 글쓰기를 할 때
우리의 뇌에서 일어나는 일.

이미 여러 번 언급했지만 나는 이 책에서 자기만족을 위한 글쓰기가 아닌 마케팅 관점의 글쓰기를 얘기한다. '읽는 사람'을 항상 사고의 중심에 두는 글쓰기란 얘기다. 이런 목적의 문장 쓰기를 연습하다 보면 뜻하지 않은 이점을 얻는데 바로 논리력과 객관화이다. 나를 위한 글이 아닌 상대를 위한 글을 쓰는 데 익숙해지면 뜻하지 않은 발전을 경험한다. 내가 문장을 진지하게 마주하며 실감한 내적 성장으로는 다음 세 가지가 있다.

✱ 사고 정리, 언어화 능력이 생긴다.

✱ 논리적 사고력이 높아진다.

✱ 메타인지, 전체 맥락을 읽는 능력이 강화된다.

문장을 쓰는 행위의 본질을 생각하면 이렇게 뇌가 단련되는 것도 당연하다.

'문장 쓰기'란 머릿속에 흩어져 있는 정보, 생각, 감각, 아이디어 등을 정리해서 형태로 만드는 작업이다. 예를 들어 이 책을 쓸 때 나는 한 달 동안 문장이라는 주제에 사로잡힌 머릿속 서랍을 여기저기 열면서 정보를 추리고 그것을 다시 문장으로 정리해나갔다.

일단 이런 과정을 몇 번 하게 되면 다른 일도 머릿속에서 더 빨리, 더 효율적으로 정리가 되는 경험을 하게 된다. 사고 정리 능력이 높아지다 보니 덩달아 문장 쓰기 능력까지 또 한 번 상승한다. 한 겹 탈피한 느낌이랄까. 이런 짜릿한 일련의 연쇄 작용을 경험하게 되면 스스로 성장한 느낌이 들어 기분이 좋고, 새로운 주제의 책을 쓰는 일이 더욱 즐거워진다.

하지만 주의할 것은 머릿속에 떠오른 생각을 문장으로 만들었다고 해서 바로 제3자에게 전해지는 것은 아니라는 사실이다. '이해하기 쉬운 논리'로 정보를 정리해야 한다. 이는 뇌의 근육 트레이닝이라고 볼 수 있는데, 이런 연습을 하면 할수록 사고력은 높아지고 배가된다.

누군가가 읽는다는 전제를 두고 문장을 쓸 때는 '읽는 사람이 어떻게 생각할지' 고민하면서 쓰는 것이 기본이다. 대상에 따라 어떤 정보가 필요한지를 선별하고, 문장으로 정리해야 한다.

자신의 눈높이뿐 아니라 상대의 눈높이도 의식하는 것이 습관이 되면 자연히 일상생활에서도 사물을 객관적인 시점에서 보게 된다. 평소에 주위 사람들로부터 '너는 너만 생각하는 경향이 있어'라고 지적받는 사람에게는 꽤 효과적인 연습 방법이 될 것이다.

이제는 대화의 절반이 채팅,
말이 아닌
글로 호감을 얻는 법

기분 좋은 인사말, 칭찬하는 한마디,
입으로 차마 할 수 없는 말도 글로는 가능하니까!

당연한 이야기겠지만, 문장력을 익히면 일하는 데뿐만 아니라 개인적으로도 큰 도움이 된다. 지금의 10대, 20대에게 카카오톡이나 라인 등 채팅 어플을 통한 커뮤니케이션은 사람과 사람이 실제로 만나 대화하는 것과 큰 차이가 없다.

업무에서도 채팅은 중요한 일부분이 되었다. 많은 회사에서 사내 메신저를 이용하고 있으며, 거래처와의 대화에서도 카카오톡 같은 채팅 어플이 주를 이룬다. 기업의 홍보 메시지는 어떠한가. 대부분이 어플을 통해 이벤

트 내용을 전송한다. 전화를 걸어 일일이 통화하던 시대
는 이제 옛날 이야기가 되어버렸다.

이는 꼭 젊은 세대에만 국한되지 않는다. 요즈음은 노
년층도 이러한 채팅 어플을 폭넓게 활용하며 글과 사진
을 나누는 추세다. 우스갯소리로 애정이 식은 부부들 중
에는 대화의 90퍼센트를 카카오톡으로 한다는 사람도
있다. 그야말로 온라인과 오프라인, 실제와 가상세계의
경계가 없어진 느낌이다.

채팅 어플로 하는 대화 역시 실제 대화 현장과 마찬
가지로 의도하지 않은 방향으로 흘러가거나 말싸움으
로 이어지는 경우가 종종 있다. 이럴 때 우리에게 필요한
것 역시 '문장 쓰기' 기술이다. 말이 아닌 문장으로 대화
가 이루어질 때에는 '상대의 눈높이에서 문장을 쓴다'는
점을 염두에 두어야 한다. 그래야 쓸데없는 오해나 충돌
을 피할 수 있고 당신의 배려나 인성이 전해지며, 나아가
인간관계도 잘 맺을 수 있다. 상대의 기분을 파악하면서

대화하는 사람이 건강한 인간관계를 구축할 수 있는 것과 같은 맥락이다.

사실, 문장 쓰기 기술만으로 인간관계의 모든 고민이 해결되지는 않는다. 하지만 메시지를 보낼 때 다음과 같은 생각을 한 번 더 해보고 문장을 쓴다면 대화의 방향은 크게 달라질 것이다.

'이렇게 쓰면 내가 화났다고 생각하지 않을까?'
'여기서는 그 사람 말에 따르는 편이 낫겠어.'
'여기서 이겨봤자 큰 의미는 없지.'

한 템포를 쉬면서 이런 질문들을 해보자. 스스로 생각해보고 어떤 것이 더 적절할지 떠올려보는 것이다. 고민을 거쳐 나온 문장을 전달하면 인간관계의 스트레스는 상당히 줄어들고 틀림없이 호감도도 높아질 것이다.

예전에 잘나가는 어떤 남성 블로거와 대화를 하다 문

장 쓰기 기술을 익혀 좋았던 점에 대해 물은 적이 있다. 그는 "여성에게 인기가 많아졌어요. 한 번도 만난 적 없는 사람인데 몇 마디만으로 호감을 얻었지요"라고 말했다. 평소에 독자들의 심정을 상상하면서 꾸준히 문장을 쓰다 보니, 나중에는 모르는 사람을 직접 만나 일대일로 이야기할 때도 상대의 기분을 즐겁게 만들고 자신에게 호감을 갖게 하는 게 그리 어렵지 않더라는 얘기다.

이 문장을 접할 사람을 떠올리고, 그 사람의 감정을 고려해볼 것. 이왕이면 기분 좋은 문장이 원활한 대화를 만들고, 장기적으로 튼튼한 인간관계를 형성하는 데 도움이 될 것이다.

연봉이 높아지고
매출이 늘어난다고?

문장력을 계속 단련했더니
수입이 회사원 시절의 10배가 되었어요.

내가 블로그를 쓰기 시작한 무렵 '나도 언젠가 이런 문장을 쓸 수 있으면 좋겠다'라고 동경한 카리스마 넘치는 필자가 한 분 있었다. 그는 어떤 주제라도 그만의 독특한 말투로 설명하는 능력이 탁월했고, 사람들이 그 물건을 사고 싶게끔 만드는 기술을 알고 있었다.

나 또한 그의 글을 읽으면 구매욕이 불끈 솟아올랐다. 얼굴이 알려지지 않은 사람이지만 나를 포함한 열성 팬들이 많았고 그는 억대 매출을 가볍게 넘겼다. 내가 문장 쓰기 기술을 처음 배울 때 실제로 그의 블로그를 본

보기 삼았을 정도였다.

　그러던 어느 날, 연이 닿아 식사 모임에서 그를 만날 기회가 생겼다. 한 번도 본 적 없는 펜팔 친구와 처음 만나는 것 같은 기분이었다. '그렇게 재미있는 문장을 쓰는 사람이라면 분명 매력적일 거야'라는 기대에 가슴이 두근거렸다.

　그러나 내 기대는 산산조각이 났다. 한마디로 말하면 그는 별로 사교적인 스타일이 아니었다. 마법이 풀린 느낌이랄까, 그에 대한 이미지가 와르르 무너져서 솔직히 말하면 괜히 만났구나 후회할 정도였다. 마음대로 상상한 내 잘못이지만 말이다.

　오히려 그때 새삼 문장이 가진 힘을 알게 되었다. 당시에 나는 말하는 기술에 대해서도 공부하고 있었기 때문에 말과 글의 균형을 잡으려고 애쓰고 있었는데, 나와 달리 그는 오로지 문장에만 올인하는 타입이었다.

　그는 평소에는 사람들과 별로 만나지도 않고 사흘에

한 번 정도 혼신을 다해 글을 써서 사람들의 마음을 사로잡는다. 그리고 그 글 하나로 수천만 원, 때로는 수억 원의 돈을 번다. 사람을 움직이는 문장 쓰기에 매진하면 베스트셀러 작가의 연봉을 뛰어넘는 돈을 벌 수 있다는 사실을 여실히 보여주는 사례라 할 수 있었다.

쉽게 흉내 낼 수 있는 일은 아니다. 자신의 재능과 시간을 온전히 문장 쓰기에 집중했기 때문에 가능한 것이었다. 단번에 문장력을 발휘하는 사람도 있겠지만, 대부분은 오랜 시간 공을 들여야 어느 정도 문장 쓰기 기술을 익힐 수 있다.

중요한 것은 포기하지 않고 '계속' 단련하는 것이다. 나 역시 문장력을 계기로 독립을 결심할 수 있었고, 그 후에는 말하는 기술도 섞어가며 문장력을 꾸준히 단련했다. 그 결과, 지금은 회사원 시절에 받던 연봉의 10배를 벌게 되었다.

많은 사람들이 묻는다. "지금의 위치까지 오는 데 가

장 도움이 된 스킬은 무엇입니까?" 회사를 박차고 나와 그때보다 더 많은 돈을 버는 나에게 아주 특별한 비법이 있을 거라 생각하지 않았을까. 이런 물음에 나는 늘 같은 답을 내놓는다. "회계가 아니라 문장력이 가장 큰 도움이 되었습니다."

앞에서도 말했지만 문장은 모든 일에 사용된다. 특히 프리랜서는 문장의 영향을 직접적으로 받는다. 회사와 회사가 서로 일을 발주할 때에는 실적이나 현재 시장에서의 위치가 중요한 기준이 된다. 하지만 프리랜서에게 일을 의뢰할 때에는 능력뿐 아니라, 그 사람의 인성 역시 중시한다. 이때 됨됨이를 알아볼 수 있는 가장 쉽고도 편리한 수단이 바로 문장이다. 프리랜서는 늘상 함께 일하는 사람이 아니기 때문에 '글'로 평가받기 쉽다. 프리랜서의 평판을 확인할 때 SNS의 글을 참고하기도 하고 또한 제안서, 기획서, 발주서 등이 오갈 때 문장으로 능력을 가늠한다. 내가 무심코 쓰는 문장 하나에 앞으로의 일이 결정되기도 하는 것이다.

음식점에서 접하는 메뉴 소개글을 떠올려보자. 사용하는 식재료에 대한 고집이 문장에서 고스란히 느껴지면 괜히 더 맛있게 느껴지고 기억에 남아 또 다시 가고 싶어진다.

예전에 어떤 돈가스 가게에 갔는데 손님들로 꽉 차 있었다. 고개를 돌리는 곳곳마다 주인이 직접 쓴 안내글이 붙어 있었는데, 사용하는 돼지고기나 수제 소스, 소금에 관한 설명이나 손님에 대한 접대문 등이 정성스럽게 쓰여 있었다. 여기에 감동해서 "이렇게 세심하게 다 쓰시다니 정말 대단하세요"라고 주인에게 말했더니 멋쩍은 듯 "시간이 남아서요"라며 미소를 지었다. 주인의 이런 성품이 문장을 통해 손님들에게 전해지니 재방문하는 사람이 늘어나고 입소문이 났구나, 하는 생각이 들었다.

07

평범한 홍과장은
어떻게 매년 S등급을 받을까?

보고서부터 매뉴얼까지,
잘 쓴 한 문장은 생산성과
업무 효율을 높인다는 사실.

직장인이 문장력을 갖추면 상사나 부하 직원, 거래처로부터 높은 평가를 받는다. 기획안이나 프레젠테이션 자료를 쓸 때도 성과가 좋고 채택될 확률이 높다. 내가 맡은 일과 역할에 알맞은 문장 쓰기 기술을 익히면, 내용이 간결하고 명료하게 전달될 뿐만 아니라 불필요한 문장 없이 결론에 깔끔하게 도달할 수 있다. 다시 한 번 더 강조하지만, 이는 사회생활에 필요한 기본 중 기본이다.

최근에는 회사에서 프로젝트를 진행할 때도 채팅으로 의견을 주고받는 경우가 많다. 이럴 때 팀원의 사기를 유지하면서 정확하게 일처리를 하게끔 이끌어주는 데에도 문장 쓰기 기술이 꼭 필요하다. 상명하달식의 강압적인 명령이 아닌, 일하는 실무자의 장점을 극대화시키면서 동기부여가 되게끔 유도할 수 있는 문장이 필요한 것이다.

평소에 주고받는 메일에서도 상대를 배려하는 문장을 쓰면 주위 사람들이 따르고, 그로 인해 협력자가 늘어나 일의 성과도 높아진다. 특히 요즈음 시대는 팀에서의 협업 능력이 중시되는 분위기이기 때문에 문장을 통해 주위의 시선을 끄는 힘이 있으면 절대적으로 유리하다. 특히 거래처와 일을 할 때나 부하 직원에게 메일을 쓸 때도 당사자에 대한 존중과 배려를 담아 문장을 쓴다면 훨씬 수월하게 일을 진행할 수 있다. 누구든 나와 함께 일하는 전문가임을 인지하고 파트너로서 상대방의 영역을 존중하며 의견을 조율해나가는 것이다. 문장 쓰기로 이 모든 것이 가능해진다. 아주 작은 차이로 말이다.

생산성이라는 관점에서도 문장은 큰 무기이다. 여러 회사를 경영하는 나는 종종 지인에게서 "어떻게 그렇게 멀티플레이가 가능해요?"라는 말을 듣는다. 내가 멀티플레이를 할 수 있는 이유는 '어떻게 문장으로 일을 시킬 수 있을까?'를 의식하기 때문이다.

예를 들어 회사에 직원이 새로 들어올 때마다 하루 종일 일대일로 지도하는 방식은 비효율적이다. 직원을 처음 고용했을 때는 나도 시간을 쪼개서 가르쳤는데, 몇 번 그렇게 했더니 같은 작업을 계속 반복해야 한다는 사실을 깨달았다. 그렇게 하다 보면 가르치는 나 자신도, 배우는 직원도 쉽게 지치고 만다. 그래서 가르쳐야 할 내용을 매뉴얼로 정리했다.

물론 매뉴얼을 만드는 작업에는 엄청난 시간이 들었다. 사람에 따라 경력이나 지식, 이해도가 다르기 때문에 나를 기준으로 매뉴얼을 쓰면 이해하지 못하는 사람이 있기 때문이다.

간혹 업무 표준 매뉴얼을 작성해도 이해하지 못하는 직원이 있다며 불만을 토로하는 사람들을 만난다. 그럴 때에는 그 매뉴얼이 과연 누구를 위한 것인지를 되돌아보라고 충고한다. 매뉴얼이 필요한 당사자가 이해할 만한 수준인지, 어려운 용어가 가득하지는 않은지, 오히려 매뉴얼을 보고 더 혼란에 빠질 가능성이 있지는 않은지 면밀히 살펴볼 필요가 있다. 앞서도 말했지만 문장 쓰기의 기본은 '읽는 사람이 어떨지 고민하는 것'에서부터 시작한다.

상대의 눈높이에 맞춰 매뉴얼을 쓰면 상사에게도 효율적이다. 직원을 가르치는 시간에 다른 일에 좀 더 집중할 수 있으니 말이다.

김과장 홍과장 이과장

박차장 최대리 오대리

홍과장의 서류엔 원가 특별한 것이 있다!

08

말주변 없는 사람도 OK,
몇 가지 스킬로
단번에 글솜씨를 높인다

버벅대도 괜찮아요.
글은 고칠 수 있으니까요.

앞에서 소개한 카리스마 있는 필자의 이야기로 돌아가보겠다. 실제로 그를 만났을 때 말주변이 없다는 사실에 놀랐다. 하지만 그 뒤에 깨달은 것은 '문장은 실제 대화와 달리 납득할 때까지 갈고닦을 수 있다'는 사실이었다.

예를 들어 누군가와 대화할 때 상대가 예기치 않은 반응을 보여 횡설수설한 경험이 있을 것이다. '어떡하지? 여기서 재치 있게 받아쳐야 하는데⋯.' 그렇게 생각할 수록 머릿속이 하얘지면서 아무 말도 나오지 않는다. 하지만 문장이라면(그것이 카카오톡 같은 채팅이라도) 즉시 대답하지 않아도 되기 때문에 머릿속을 비우고 생각할 수 있다. 다시 말해 문장을 쓸 때 순발력은 필요 없다.

솔직히 말하자면 내가 블로그를 통해 창업 기반을 다진 것도 사람들 앞에서 말을 잘 못하기 때문이다. 공인회계사 시험공부를 했을 때는 사람들과 거의 말도 하지 않고 줄곧 문제집, 계산기, 책과 씨름했다.

그렇게 2년 동안 지냈더니 사회인이 되어서도 일상 대화조차 버벅거리기 일쑤였다. 게다가 직업적인 특성상 주위 동료들 또한 앞에 나서는 스타일이 아니어서 누군가가 대화를 멋지게 이끌어가는 모습을 옆에서 지켜볼 기회도 거의 없었다.

전화는 더 힘들었다. 사무실에 전화가 걸려오면 괜히 커피자판기로 가서 바쁜 척을 한 적도 있다. 그런데 전화 통화나 낯선 사람과의 미팅을 어려워하면서도 또 마음속으로는 어서 빨리 창업해서 인맥을 넓히고 꾸준히 영업해서 돈을 벌어야겠다는 생각뿐이었다.

'사람들 앞에서 말도 못하고, 영업할 자신도 없어. 전화 영업은 더더욱 못하는데, 그럼 어떡하지?' 이렇게 고민하며 이런저런 방법을 알아보던 중 '문장으로 물건 팔기'라는 제휴 마케팅 사업을 알게 됐다.

'내가 잘 쓰지는 못하지만 그래도 문장을 기본으로 하는 마케팅이라면 긴장하지 않을 수 있겠어!'라는 희망이 생긴 것도 그때부터였다. 일단 사람들 앞에서 말을 해야 한다는 압박감에서 벗어날 수 있다는 것부터 부담이 없어 좋은 동기 부여가 되었다.

나와 문장의 만남은 그렇게 시작되었다. 나름대로 열심히 노력을 했다. 이 일은 사람들과 직접 만나는 영업과 달라서 필요 이상으로 스트레스를 받지 않는다는 큰 장점이 있다. 게다가 내가 쓴 문장과 마주하는 시간을 충분히 가질 수 있어 좋았다. 내가 쓴 문장에 납득이 가지 않으면 그것은 내 책임이라고 생각하고 자는 시간을 줄여가며 글쓰기에 몰두했다. 그렇게 문장과 마주하는 동안 모든 커뮤니케이션의 토대가 되는 '상대를 생각한다'라는 개념을 익힐 수 있었다.

블로그에서 눈에 보이는 성과가 나타나자 자신감도 생겼다.

'다음에는 프레젠테이션 기술에 도전하자.'
'협상 기술도 익혀보자.'
'현실 인맥을 점점 넓혀보자.'

이렇게 하나씩 도전의 폭을 넓히게 되었다. 단번에 좋은 결과를 얻을 수 있었던 것은 아니다. 한 단계, 그리고 그다음 단계. 가능한 것들을 천천히 시도하다 보니 어느새 성장하고 있는 나 자신을 발견할 수 있었다.

유명한 블로거 중에는 나처럼 처음에는 문장으로 주

목을 받다가 사람들과의 접점이 늘어나고 경험을 쌓으면서 말도 잘하게 된 경우가 의외로 많다. 만약 내가 말하는 기술로 창업을 시도했다면 '역시 난 안 돼'라며 포기했을지 모른다. 문장 쓰기 기술을 접하게 되어 얼마나 다행인지, 지금도 감사할 따름이다.

09

당신이 잠자는 동안
문장은 쉬지 않고 돈을 번다

가성비 최고!
당신이 놀고먹는 동안
문장이 일을 하게 만드세요.

사람이 사용할 수 있는 시간은 한정되어 있다. 누군가를 설득하든, 무엇을 가르치든 일대일로 일을 하다 보면 분명 한계가 있다.

유능한 영업사원이 있다고 하자. 그가 아무리 열심히 해도 하루에 최대 7~8건밖에 처리할 수 없다. 하지만 광고 메일을 만들어 적당한 채널에 올려서 뿌리면, 광고 메일을 쓰는 데 하루 종일 걸린다고 해도 매일 100건, 1,000건을 영업할 수 있다. 그것도 전국 곳곳으로 말이다. 즉 당신이 집에서 잠자는 동안에 광고 메일이 광통

신망을 종횡무진하며 열심히 일을 해준다는 의미이다.

인터넷을 현명하게 사용하면 적은 노력으로 큰 효과를 얻을 수 있으며, 우리 몸뚱이만으로 할 수 없는 일들이 가능해진다. 이것이 바로 인터넷 마케팅의 위대함이다.

물론 사람들을 직접 만나 영업하는 것보다 성사율이 떨어질 수도 있다. 하지만 접촉 횟수는 어마어마하게 늘어나기 때문에 총 매출액은 증가할 수 있다. 게다가 늘어난 자유 시간을 다음과 같은 상황에 이용할 수 있다.

✱ 사람을 꼭 직접 만나야 팔 수 있는 제품을 위해 사용한다.
✱ 부업을 시작한다.
✱ 부하 직원 육성을 위해 사용한다.
✱ 독서나 학원 등 자기계발 시간으로 사용한다.
✱ 가족과 함께 시간을 보낸다.
✱ 취미에 투자한다.
✱ 건강 유지를 위해 사용한다.

이렇게 글쓰기는 투입하는 시간과 노력 대비 큰 효과를 얻는다. 이를 다르게 표현하면 '문장은 자산으로 남는다'라고 말할 수도 있다. 앞에서도 팬이나 팔로워는 자산이 된다고 했는데, 마찬가지로 인터넷 서버가 존재하는 한 문장은 당신의 자산으로 남는다.

예를 들어 당신이 그래픽 디자이너이며, 일러스트 작업 앱의 편리한 기능을 글로 써서 블로그에 올렸다고 하자. 그 당시에는 반응이 별로 없었다 해도 한참 후에 "블로그를 봤습니다"라며 작업 의뢰가 들어올 수도 있다. 이런 일은 아주 흔하다.

만약 블로그 글이라는 형태로 남기지 않고 신입 후배에게 말로만 가르쳤다면 어땠을까? 일대일 커뮤니케이션으로 끝났기 때문에 지식은 자산으로 남지 않고 효율성도 떨어졌을 것이다. 만약 그 후배가 바로 퇴사해서 다른 업계로 이직했다면 그동안 가르친 시간은 모두 무용지물이 되는 셈이다.

같은 시간과 노력을 들인다면 그 자리에서 소비되는 것보다 계속해서 저장되는 쪽이 효율적이다. 이는 생산성을 높일 때의 기본적인 개념이다. 그다음에는 '어떻게 저장할까?'라는 문제가 제기되는데, 이에 대한 가장 첫 번째 답은 단연코 문장이다(그 밖에 일러스트, 음성, 동영상 등이 있다).

문장이 가진 큰 힘 중 하나는 바로 '남는다'는 데 있다. 남는다는 것은 언젠가 누군가가 다시 사용 가능하다는 것이고, 접하는 사람이 점차 많아짐을 의미하기도 한다. 책을 생각해보자. 출간 당시에는 베스트셀러가 아니라고 하더라도, 몇 년 후 우연한 기회에 입소문을 타서 폭발적으로 판매가 이루어지는 경우가 종종 발생하기도 한다. 만약 책이라는 형태로 '남지' 않았다면 가능했을까?

내가 최근에 책을 쓰는 일을 우선시한 이유도 자산이나 노력 대비 효율성의 관점에서 보았을 때, 책이 압도적으로 자산 가치가 높고 적은 힘으로 큰 효과를 보이기 때문이다.

하지만 자산화한다 해도 문장력이 빈약하면 효율성은 떨어진다. 업무 순서를 설명한 매뉴얼을 상대가 이해하기 어려운 문장으로 써서 실수나 사고가 발생하면 아무 의미가 없다. 광고 메일도 마찬가지. 독자들이 읽었는데 구매로 이어지지 않으면 보내는 의미가 없다.

문장력은 효율성에 비례한다. 성과가 1~2배에 그칠지, 아니면 100배로 늘어날지, 그 결과 얼마만큼의 자유 시간과 선택지가 생길지, 그 모든 것을 좌우하는 것이 바로 문장임을 잊지 않길 바란다.

* 혹시 당신은 이런 문장을 쓰고 있지 않습니까?

지인 중에 머리가 아주 좋은 사람이 있다. 일도 척척 해내고 배려심도 있으며 남들 앞에서 말도 잘한다. 그런데 그가 쓴 글을 보고는 깜짝 놀란 적이 있다. 아무리 좋은 내용이 담겨 있어도 문장 자체가 마음에 걸려 머릿속에 전혀 들어오지 않았던 것이다.

그의 글은 특히 구두점 사용법이 엉망진창이었는데, 쉼표를 이상한 부분에 찍어서 읽기가 어려웠다. 인터넷에서 사람들이 쓴 문장을 보면 의외로 이처럼 가장 기본적인 부분이 부족한 경우가 많다.

이 책은 예쁜 문장을 써야 한다고 강요하지는 않는다. 하지만 최소한 읽을 수 있는 수준이어야 한다는 입장이기 때문에, 여기에서는 우리가 자주 볼 수 있는 실수들을 언급하겠다.

* 쉼표가 너무 많다

'나는, 오늘, 공원에, 갔다'라는 문장처럼 쉼표를 너무 많이 넣는 사람이 있다. 취향에 따라 많이 넣을 수도 있지만 너무 과하면 흐름이 끊긴다. 일단 최대한 쉼표를 넣지 말고 한 번 읽어보자. 그리고 다시 묵독했을 때 자연스럽게 한 박자가 들어가는 부분에 쉼표를 넣으면 된다. 만약 여유가 있으면 다시 읽어보고 '여기에서 한 박자 쉬지 않으면 문장의 의미를 잘 이해할 수 없다' 또는 '사람들이 혼란스럽다고 할 만하다'고 느끼는 부분에 넣어보자.

* 줄을 함부로 바꾸지 않는다

줄 바꿈에 대해서도 명확한 규칙은 없다. 그리고 취향의 문제도 있다. 하지만 이야기가 분명히 달라지는데 줄을 바꾸지 않는 것은 독자들에게 불친절하다. 가끔 PC에서 채팅 어플을 통해 메시지를 보내오는 사람 중에 엔터키를 누르면 메시지가 발송된다고 해서 장문을 한 문단으로 써서 보내는 사람이 있다. 정말 읽기 불편하다. 시프트키를 누르면서 엔터키를 누르면 줄 바꿈을 할 수 있으니 참고하자.

* 한 문장이 너무 길다

당연한 말이지만 한 문장이 너무 길면 읽기 어렵다. 문장 쓰기 기술에 관한 책을 읽다 보면 '한 문장의 길이는 40자 정도가 좋다'고 하는 경우가 있다. 이것은 어디까지나 기준이다. 사람들이 술술 읽을 것 같다는 자신이 있으면 다소 길어도 괜찮다. 그렇지 않다면 '1문장 1메시지'를 의식하면서 문장을 끊고 접속사를 사용해서 이어나가자. 특히 '~지만'을 사용하는 게 습관인 사람은 한 문장이 너무 길어지니 주의한다. '~지만' 부분에서 일단 문장을 끊을 수 있는지 생각해본다.

2장

"마케팅 글쓰기는 처음인가요?"

초급편: 전해지는 문장 쓰기

가장 좋은 문장은
'상대가 읽고 싶어하는 문장'

"도저히 읽히지 않는다고?",
"다음 문장이 궁금하지 않다고?"
조셉 슈거맨이 말하는 술술 읽히는 글의 비결.

가장 좋은 문장은 어떤 문장일까? 사람에 따라 정의는 다르겠지만 나는 기본적으로 '상대가 읽고 싶어하는 문장'이라고 생각한다. 반대로 가장 나쁜 문장이란 어떤 문장일까? 아마 '읽히지 않는 문장'이라는 데에 많은 사람들이 의견을 같이할 것이다.

아무리 좋은 말이 가득해도 잘 읽히지 않으면 이해가 되지 않고, 이해가 되지 않으면 믿음이 생기지 않는다. 믿음을 줄 수 없으면 사람들에게 아무런 영향을 끼치지 못한다.

예전에 마케팅 관련 서적을 읽었을 때 알게 된 말이 있다. 그로 인해 문장에 대한 생각이 바뀌었고 지금까지도 원고를 쓸 때 명심하고 있다. 미국의 저명한 광고 카피라이터인 조셉 슈거맨이 남긴 명언이다.

> 첫 번째 문장의 목적은 두 번째 문장을 읽게 하는 것. 두 번째 문장의 가장 큰 목적은 세 번째 문장을 읽게 하는 것이다.

즉, 독자가 계속 읽고 싶어하는 문장을 쓰라는 뜻이다. 이 말은 원래는 카피라이팅 비법으로 쓰였지만, SNS나 블로그 글, 광고 메일 등 어떤 문장에도 해당된다. 특히 요즘 시대를 사는 사람들은 스마트폰으로 수많은 플랫폼에 매일 접속하면서 문자 정보를 흘러넘치게 접하고 있다. 그러다 보니 긴 문장을 읽어야 하는 일도 많아졌다. 하지만 떠올려보자. 이 수많은 문장을 우리는 꼼꼼하게 읽고 있는가? 어떤 것을 읽고, 어떤 것을 그냥 지나치고 있는가? 글자가 보이면 그냥 넘기는 경우도 많지 않은가?

인터넷상에서 매일 대량 생산되는 수많은 문장은 사람들이 읽는다는 보장조차 없이 세상 어딘가에서 잠자고 있다. 이 현실을 직시하는 것이 문장 쓰기 기술의 첫걸음이다.

콘텐츠에만 집착해서도 안 된다. 그 전에 '어떻게 하면 사람들이 이 문장을 읽을까?'를 고민하며 '잘 읽히지 않는다'라는 큰 벽을 깨부수어야 한다.

언젠가 택시를 탔는데 "살을 빼고 싶으면 읽지 마세요"라고 적힌 전단지가 꽂혀 있었다. 나는 보통 택시에서 스마트폰을 보며 일하는데, 그날따라 '무슨 말이지?' 하는 호기심에 무심코 집어 읽었다.

이는 의외성을 이용하여 사람들이 글을 읽도록 유도하는 테크닉인데, 이런 방법을 활용하려는 노력이 중요하다. 전단지에 적힌 이 같은 문구는 독자의 감정을 상상하지 않으면 떠올릴 수 없다(이에 대해서는 4장 중급편에서 자세하게 설명하겠다).

사람들이 읽지 않는 문장은 대부분 글쓴이 본인의 눈높이에서만 읽히기 마련이다. 글쓴이 본인이 자기만족을 위해 쓴 경우가 많기 때문이다. '상대방이 내 글을 읽을까, 읽지 않을까?'를 생각하면 단어 선택이 달라진다. 글을 쓴 사람이야 글에 담긴 의도와 단어 하나하나에 담긴 내용을 쉽게 이해하지만 글을 처음 보는 사람은 어떨까. 아무리 화려한 미사여구로 꾸며진 문장이라도 읽는 것조차 시도할 수 없다면, 그 문장은 실패한 것이다. 일기라면 마음대로 쓴다고 해도 상관없다. 하지만 자신이 쓴 문장으로 영향력을 행사하고 싶다면 그런 자세는 당장 고쳐야 한다.

상사에게 보고하는 메일을 쓸 때도 조셉 슈거맨의 말을 기억하면 완전히 달라진다. 첫 번째 문장이 중요하기 때문에 제일 먼저 바꾸어야 할 부분은 제목이다.

'8월 영업 보고'라고 단순히 사무적으로 쓴 제목이라

면 수많은 메일 속에 묻혀버린다. 하지만 '8월 영업 보고: 매출은 전월 대비 1.5배'라고 소제목까지 쓰여 있으면 아무리 바쁜 상사라도 얼른 읽어보고 싶을 것이다.

물론 정해진 형식으로 써야 하는 문서도 있지만 정보를 받는 입장이 되어서 '과연 이 문장을 계속 읽고 싶을까?' 하고 자문하는 습관을 갖도록 하자.

'독자'와 '목적'에 맞는 단어를 선택한다

전문가에게는 전문가의 용어를,
일반인에게는 일반인의 용어를, 참 쉽죠?

무엇인가 새로운 것을 배우려고 할 때, 전문가가 쓴 책이나 블로그를 읽어보았는데 모르는 용어가 많이 등장해서 오히려 동기부여가 사라진 경험이 누구나 있을 것이다.

글을 쓸 때 전문용어를 사용하면 그 영역에 익숙한 사람(업계 관계자)에게는 '같은 말을 사용합니다. 동료입니다. 믿어주십시오'라고 어필할 수 있다. 하지만 입문자는 불친절하다고 생각한다. 그렇다고 계속 친근한 느낌으로만 글을 쓰면 전문적인 지식을 요구하는 독자는 부족함을 느낀다. 그렇다면 어떻게 균형을 맞추어야 할까?

결국 '누구를 위해, 어떤 목적으로 쓸까?'가 확실히 설정되어야 한다. 만약 학술 논문이나 전문 잡지에 실린 원고처럼 자신의 전문성을 어필하고 업계 내에서 지위를 높이려면 전문용어를 사용하면서 '유식한 문장'을 써야 그 목적을 달성할 수 있다.

그러나 본인이 가진 지식이나 경험을 널리 알리고자 한다면 되도록 간단한 말로 바꾸고, 독자가 헷갈릴 만한 부분에는 보충 설명을 넣어 중학생도 읽을 수 있는 수준으로 써야 한다.

딱딱한 문체와 어려운 단어를 사용해서 유식함을 과시하고 싶은 기분도 이해는 간다. 하지만 난해한 내용을 어려운 말로 전하는 것은 누구나 할 수 있다. 정말 어려운 일은 메시지의 질은 유지한 채 간단한 말로 바꾸는 것이다.

내가 아는 한 저널리스트는 복잡한 국제 문제도 어린이가 이해할 수 있을 정도로 쉽게 설명하는 능력이 뛰어난 것으로 유명하다. 수많은 저널리스트 중에서도 특히 일반인에게 전하는 능력은 단연 돋보이는데, 그래서인지 TV 출연이나 강연, 출판 의뢰가 끊이지 않는다.

어려운 내용을 간단한 말로 바꿀 때 가장 먼저 할 수 있는 일이 바로 '불필요한 외래어 용어 줄이기'이다. 예를 들어 다음과 같은 두 가지 문장이 있다고 하자.

> ★ 우리 학교에서는 어댑티브 러닝(인공지능을 기반으로 맞춤형 학습을 제공하는 기술)을 실천하고 있습니다.
> ★ 우리 학교에서는 학생 개개인에게 최적화된 맞춤형 교육을 실천하고 있습니다.

전자의 경우, 교육 관계자를 타깃으로 하는 문장이라면 괜찮지만 학부모를 대상으로 한다면 적절하지 않다.

그럼 후자의 문장을 사용하면 교육 관계자가 위화감을 느낄까? 그렇지 않다. 머릿속에서 '아, 어댑티브 러닝을 하고 있구나'라고 용어를 바꿔 이해할 것이다.

만약 문장에 어떻게든 '어댑티브 러닝'이라는 말을 사용하고 싶다면 다음과 같이 쓰면 된다.

> 우리 학교에서는 학생 개개인에게 최적화된 맞춤형 교육(어댑티브 러닝)을 실천하고 있습니다.

앞에서 '동기부여'라는 말을 사용했는데 그때 '모티베이션'이라고 쓸까, 하고 3초 정도 고민했다. 결과적으로 나는 '동기부여'라는 말을 선택했다. 내 판단 기준은 '(예상 독자는) 어떤 말을 평소에 자주 사용할까?'였고 '동기부여'라는 말이 독자에게 더 잘 와닿을 것 같아 그렇게 사용했다.

쉽게 쓰는 것은 어떻게 보면 아주 간단하다. 다음 세 가지를 기억하자.

첫째, 누가 읽을지를 생각한다.

둘째, 대상 독자가 이해하기 쉬운 단어, 자주 쓰는 단어로 문장을 채운다.

셋째, 어쩔 수 없이 외래어 등이 포함되어 있다면 쉬운 우리말로 바꿀 수 있는지 다시 한 번 점검한다.

12

글쓰기의 기본은
'1기사 1메시지'

가장 중요한 메시지를 딱 '하나' 정한 후
반복, 반복, 반복합니다.

머릿속으로 여러 가지 반찬이 든 도시락과 딱 한 가지 메뉴만 들어간 닭튀김 도시락을 상상해보자. 반찬이 많은 도시락은 언뜻 보면 화려하고 이것저것 가짓수가 많으니 당장 먹을 때의 만족감이 높다. 하지만 다음 날 먹었던 도시락을 떠올려보면 어떤 반찬이 있었는지, 각각 어떤 맛이었는지 기억에 잘 남지 않는다. 그러나 닭튀김 도시락은 다소 평범하다는 생각이 들지만 다음 날에도 선명하게 남는다. 왠지 모르게 맛도 재현할 수 있을 것 같다.

문장도 그렇다. 반찬이 많은 도시락처럼 메시지를 너무 많이 채운 문장은 독자의 머리에 남지 않는다. '머리에 남지 않는다'는 건 무슨 말일까? '정보량이 많아서 단기 기억에 남지 않는다'는 의미와 '독자의 의식을 한곳에 집중시키지 못하고 강한 임팩트를 주지 못한다'는 의미가 있다.

'재미는 있는 것 같은데 뭘 얘기하고 싶은지 모르겠어.' 읽는 사람이 이렇게 생각한다면 그들의 생각이나 행동을 바꿀 수 없다. 그렇기 때문에 철저하게 읽는 사람 입장이 되어서 고민해보는 것이 중요하다. 과연 이 문장에서 내가 하고 싶은 말이 독자의 기억에 남을까? 자문하는 연습이 필요하다.

자신의 의견을 확실하게 전하려면 '닭튀김 도시락'이 이상적이다. 글쓰기의 기본으로 '1기사 1메시지'라는 말이 있는 것도 결국 주재료에 초점을 맞추자는 의미이다.

원래 글을 쓰다 보면 이것저것 쓰고 싶어진다. 하지만 의식적으로 메시지를 줄여보자. 예를 들어 상대에게 전하고 싶은 메시지를 일단 주르륵 써보고 그 리스트를 보면서 가장 중요한 메시지를 정하는 방법도 좋다. 그러고 나서도 미련이 남는 내용이 있다면 '다음 기회에 쓰자'며 스스로를 타이르자. 억지로 채워 넣는다고 해서 좋을 건 없다. 너무 넘치면 오히려 독이 될 수도 있음을 기억하자. 이렇게 하면 독자의 이해도도 높아지고 쓰는 사람도 글쓰기가 편해진다.

가장 중요한 메시지를 뽑아낼 각오가 생긴 다음 해야 할 것은 바로 '인상 남기기'이다. 여기서는 바로 사용할 수 있는 두 가지 테크닉을 소개하겠다.

① 집요할 정도로 반복한다

독자는 당신이 쓴 문장을 읽을 때 온 신경을 집중하지 않는다. 처음부터 대충 훑어보는 사람도 있고 소파에서 뒹굴뒹굴하며 집중력이 산만한 상태로 읽는 사람도 있다. 그렇기 때문에 독자의 머릿속에 확실하게 각인되려면 '반복'이 가장 효과적이다. 다소 집요하다고 생각할 정도가 적당하다. 사회심리학자 윌슨의 실험에 따르면 민사재판에서 변호사가 '피고는 무죄'라는 말을 반복하지 않을 때와 세 번 반복했을 때 설득력이 무려 46퍼센트나 높아진다고 한다.

'결론은 앞에 써야 한다'는 말이 있지만 그것은 보고서처럼 사실을 전달할 때 적용되는 이야기이다. 메시지를 거듭 강조하려면 '결론은 처음과 중간과 마지막에 쓴다'는 것을 명심하자. 특히 처음과 마지막의 한 문장은 인상에 잘 남기 때문에 '결론, 설명, 또 결론'이라는 구성이 좋다.

하지만 계속해서 같은 표현을 쓰면 지루해질 수도 있다. 어떤 재미있는 표어가 떠올라 표어 자체를 기억에 남게 하고 싶다면 똑같은 말을 반복하는 방법도 효과적이지만, 기본적으로는 표현을 조금씩 바꾸어보는 것이 더 좋다.

② 강조하는 표현을 사용한다

반복과 함께 사용하면 좋은 방법이 '강조'인데, 여러 문장 속에서 중요한 메시지를 전하는 하나의 문장을 돋보이게 하는 것이다.

  ✱ 여기는 중요한 포인트인데

  ✱ 결론을 말하자면

  ✱ 앞에서도 언급했지만 내가 특히 말하고 싶은 것은

이렇게 '지금부터 중요한 내용을 얘기하겠습니다'라고 선언하며 독자의 의식을 문장으로 향하게 하는 방식이다. 평소에 수려한 문장을 쓰는 사람 입장에서는 다소 서툴러 보일지도 모른다. 하지만 이처럼 목적이 뚜렷한 글쓰기가 처음이라면, 어떻게든 메시지를 확실하게 전하고 싶다면 이 방법을 사용해보자. 꽤 간단하고도 명확하게 메시지 전달이 가능할 것이다.

③ 시각적으로 돋보이게 한다

시각적인 짜임새도 매우 중요하다. 예를 들어 중요한 문장의 앞뒤에 (줄을 바꾸어) 공백을 만들거나 폰트를 바꾸어서 시각적으로 눈에 띄게 하는 방법은 기본적인 테크닉이다. 폰트를 바꾸거나 볼드체를 쓰면 중요한 메시지가 간결하게 정리되는 느낌이 든다. 사소한 차이라도 눈에 띄는 결과물을 만들어낼 수 있으니 잘 활용해보자.

어쨌든 중요한 메시지를 쓰는 단계가 되면 '어떻게 이한 문장을 눈에 띄게 할 수 있을까?'를 계속 의식해야 한다. '독자가 알아서 중요한 부분을 찾겠지' 하고 방관하는 것은 위험하다. 수많은 문장 속에서 내가 의도하는 바를 정확하게 찾아내는 사람들은 그리 많지 않다. 의외로 많은 이들이 글을 꼼꼼하게 읽지 않으며, 처음부터 끝까지 완독하는 사람도 적다. 그러니 내가 먼저 독자가 눈여겨 읽을 수 있도록 방법을 연구해서 맞추는 친절과 노력이 필요하다.

확실히 꽂히게 만드는
네 가지 테크닉

읽는 사람의 독해력에 의존하지 않습니다.
모두에게 통하는 방법을 강구하세요.

"그 사람 글은 읽어도 무슨 말인지를 모르겠어.""읽히기는 하는데 이해가 잘 안 되네." 이런 얘길 자주 듣는 사람들에게는 하나의 공통점이 있다. 자신의 눈높이에서만 문장을 쓰고, 읽는 사람의 독해력은 신경 쓰지 않는다는 점이다. '전해지는 문장을 쓴다'는 말은 독자가 이해하기 쉬운 문장을 쓴다는 뜻이다. 앞에서 말한 구체적인 예를 넣는 방법 외에도 메시지를 전하는 테크닉은 여러 가지가 있다. 여기에서는 내가 자주 사용하는 네 가지 방법을 소개하겠다.

① 괄호나 따옴표로 강조한다

중요한 키워드에 따옴표나 괄호를 붙이는 방법이다. '이것'을 사용하는 사람도 있고 [이것]을 사용하는 사람도 있지만 목적은 같다. 주위의 여러 문장들 속에서 특정 단어를 눈에 띄게 하여 '아, 이것은 중요한 말이구나' 하고 직감적으로 이해할 수 있게 만든다. 만약 문장 전체가 중요하다면 볼드체로 쓰면 된다.

대화나 심경 묘사도 아닌 부분에 따옴표나 괄호를 쓰는 것이 과연 문법적으로 올바른가는 논하지 않겠다. 그저 이 책에서 지향하는 바는 '사람을 움직이는 문장'이며, 그 전제로 사람들에게 전해지는 문장을 쓰고자 한다. '보조바퀴가 달린 자전거는 볼품없어'라고 생각하지말고 '보조바퀴를 달아서 더 잘 달릴 수 있으면 얼른 달아야지'라는 발상이 중요하다.

② 표현을 바꿔 한 번 더 요약한다

나름대로 열심히 설명한다고 했는데도 여전히 이해하지 못하는 사람이 있을 수 있다. 사례를 넣지 않으면서 이해력을 높이는 다른 길은 없을까? 그럴 땐 단어를 바꾸어 쓰거나 요약하는 방법이 편리하다.

★ 말하자면

★ 즉

★ 바꾸어 말하면

이런 표현으로 같은 내용을 한 번 더 간결하게 설명하면 독자의 이해도를 높일 수 있다.

③ 문장 전체의 '공백'을 늘린다

하나의 문장이 아니라 글 전체가 쉬워 보여야 한다. 이는 사람들이 흔히 간과하는 부분이다. '문장 자체가 이해하기 쉬운가?'라는 문제뿐만 아니라 독자가 처음 전체 글을 보았을 때 '읽기 쉬울 것 같다'라고 느낄 수 있느냐도 중요하다. 그 포인트가 되는 것이 바로 공백이다.

최근에는 의도적으로 공백을 많이 둔 책이 눈에 띈다. 후루룩 넘겼을 때 '이 책은 쉽게 읽을 수 있을 것 같아'

라는 느낌이 들기 때문이다.

공백을 늘리는 방법에는 여러 가지가 있다.

> ★ 여러 번 줄을 바꾼다.
> ★ 이야기 흐름이 완전히 바뀔 때는 한 줄을 건너뛴다.
> ★ 페이지 네 모퉁이에 여백을 적당히 둔다.

일부 블로그나 웹페이지에서 줄바꿈과 공백이 과도하게 많은 문장을 볼 수 있는데, 이 때문에 오히려 읽기 불편한 경우도 있다. 그래서 공백을 줄 때도 균형을 잘 잡아야 한다. 개인적인 경험으로는 페이지를 펼쳤을 때 여백이 30퍼센트 정도 있으면 부담 없이 읽을 수 있는 것 같다.

④ 항목별로 나눈다

독자의 이해를 돕는 또 하나의 테크닉은 '항목별로 쓰기'이다. 이것은 비즈니스 문장에서 자주 사용하는 방법이다. 예를 들어 시찰 결과를 상사에게 보고할 때 구구절절 쓰는 것보다, 요점을 항목별로 쓰고 그 후에 각각 상세한 내용이 이어지는 형태가 더 효과적이다.

항목별로 쓰기란 문장의 이해를 돕기 위해 넣은 삽화라고 생각하면 된다. 전하고 싶은 내용이 시각적으로 눈에 잘 띄고 군더더기도 없는 상태이므로 사람들의 머릿속에 쏙쏙 들어온다. 또 글을 쓰고 있는 자신의 생각을 정리하는 계기도 되기 때문에 이 방법도 잘만 활용하면 꽤 효과적이다.

14

독자가 낙오하지 않도록
'구체적인 예'를 더해
끌어준다

'이해'와 '구매'라는 목적지에 닿을 수 있도록
친절한 사다리를 놓아주세요.

문장 쓰기 기술이나 논리적 사고에 관한 책을 읽다 보면 다음과 같은 내용을 쉽게 접할 수 있다. "추상적인 이야기를 쓰는 경우, 구체적인 예를 들어 보충하면 이해하기 쉬운 문장이 된다." 이것은 문장을 쓸 때의 철칙이며 그만큼 중요해 몇 번을 강조해도 모자라다. 여기에서는 '추상과 구체를 함께 쓰는 장점'에 대해 좀 더 깊이 파헤쳐보겠다.

추상적인 내용을 이야기한 후에 구체적인 예를 덧붙

이는 방법은 학교 수업에 비유하자면 교과서에서 한 단원이 끝날 때마다 치르는 단원 평가라 할 수 있다. 단원 평가는 학생의 이해도를 확인하기 위해 치르는 시험이다. 하지만 이해도를 확인할 목적이라면 1년에 한 번만 실시해도 된다.

그런데 학교에서 평가를 자주 시행하는 이유는 낙오자가 없도록 하기 위해서이다. 예를 들어 수학에서 x의 개념을 제대로 짚고 넘어가지 않으면 일차방정식, 이차방정식, 미분, 적분 모두 이해하지 못한다. 이를 방지하기 위해 선생님은 시험을 통해 학생들의 이해도를 확인하고, 뒤따라오지 못하는 학생이 있다면 늦기 전에 보충수업 등의 대책을 마련하려고 한다.

문장을 쓸 때도 단원 평가의 개념은 중요하다. 전달한 내용을 독자가 바로 응용할 수 있을지는 모르겠다. 그러나 독자가 내용 자체를 이해하지 못한다면 그것은 글쓴이의 태만이다. 학생에게 무관심한 채 그저 칠판에 대고

혼자 떠드는 선생님이 되지 않도록 주의해야 한다.

교과서와 달리 블로그나 책, SNS에는 연습문제를 실을 수 없다. 물론 가능성이 아주 없는 일은 아니지만 실제로 대부분의 독자는 그 문제를 풀지 않을 것이다. 그럴 때 도움되는 것이 바로 구체적인 예를 제시하는 방법이다.

추상적인 이야기로 전하고자 하는 큰 틀을 알려주고 그것을 구체적인 에피소드로 보완한다. 그러면 잘 이해하지 못했던 사람은 '아하, 그런 뜻이구나'라고 생각할 수 있고, 추상적 내용의 의미를 이해한 사람은 '맞아, 그런 말이지'라며 확인과 복습을 한다.

그렇다고 해서 추상적으로 이야기한 후 반드시 구체적인 예를 들어야 할까? 꼭 그렇지는 않다. 영미권의 경제경영서를 읽어본 사람은 알겠지만 상당수가 구체적인 에피소드를 중심으로 쓰여 있다. 그런 방식을 좋아하는 사람도 있겠지만 이야기가 축축 늘어져서 끝까지 읽지 못하는 사람도 많다. 그래서 나는 책이나 블로그 글을 쓸 때, 먼저 추상적인 이야기를 쓴 후 독자가 헷갈리거나 어려워할 것 같은 부분에 구체적인 예를 더하는 방법을 사용한다.

책이나 광고 메일의 최종 목적은, 등산으로 비유하자면 독자를 산 정상에 데려다주는 것이다. 등산을 하다 보면 어려운 코스도 만나게 되고, 혼자 힘으로는 도저히 갈 수 없는 구간도 만난다. 그럴 때 옆에서 손을 잡아주는 사람이 필요하기도 하고, 더 쉬운 길을 알려주는 사람을 만나는 것도 도움이 된다.

글도 마찬가지이다. 어려운 내용이라 하더라도 다양한 방법으로 뒷받침해주면서 사람들을 '이해'라는 정상으로 이끌어주어야 한다. 광고 메일이라면 그 목적지는 '구매'가 될 것이다. 제품에 대한 신뢰를 문장으로 쌓아서 구매라는 정상에 닿게 해야 한다.

어떻게 정상까지 데려다줄 것인가? 그래서 이야기의 흐름이 중요한데, 그 과정은 '등산 코스 선정'이라 생각하자. 이를 정한 후, 어려운 코스라고 판단되는 곳에 구체적인 예라는 이름의 사다리를 세우면 된다.

'접속사'는
독자를 안내하는
길잡이

그런데, 그러나, 그럼에도 불구하고···
초보라면 무조건 사용하세요.
간결함은 고수가 고민할 일입니다.

"접속사가 적은 문장이 깔끔하고 읽기 쉽다." 문장 쓰기 기술과 관련된 책을 읽다 보면 자주 등장하는 말이다. 그런데 실제로 접속사가 너무 쓰이지 않아 읽기가 상당히 어려운 경우도 많다.

여기서 우리가 분명히 짚고 가야 할 것이 있다. 접속사를 줄여야 한다는 말은 세련된 문장을 쓰고 싶은 상급자 대상의 얘기라는 점이다.

우선 접속사에 어떤 것이 있는지 떠올려보자. 그런데,

그리고, 그러나, 하지만, 또한, 그래서… 만약 접속사가 없다면? 접속사가 없다는 것은 수많은 문장 속에서 분위기가 바뀐다거나, 앞의 내용을 반복하는 내용이 나온다는 등을 알려주는 '글 속 안내판'이 사라지는 것과 같다. 접속사를 잘 활용하지 않으면 독자들에게 불친절한 글이 될 수도 있는 것이다.

접속사는 정확히는 문장끼리의 관계나 연결을 뜻한다. 모든 문장은 기본적으로 논리가 쌓여 생기는데, 접속사는 그 논리를 나타내는 기호이다. 예를 들어 '그는 라면을 좋아한다. 그러나…'라고 쓰면 '아, 라면을 좋아하는 여타 사람들과는 뭔가 다른 점이 있구나' 하고 상상할 수 있다. 접속사는 '다음은 이렇게 쓰겠습니다'라고 선언하는 것이기 때문에 독자가 전개 과정을 순조롭게 받아들이게 된다. 독자를 위한 길잡이 역할인 셈이다.

접속사를 넣는 목적은 '내용을 쉽게 이해시키기 위해서'이다. 반면에 접속사를 자제해야 하는 이유는 '술술 읽기 쉽게 하기 위해서'이다. 여기서 우리는 전자를 우선 시해야 한다. 술술 읽을 수 있어도 이해할 수 없으면 아무런 의미가 없기 때문이다.

일단 처음에는 '올바른 접속사를 사용했는가?'라는 가장 기본적인 질문에 유의하면서 적극적으로 접속사 사용을 시도해보자. 그리고 마지막에 '이 접속사를 빼도 읽는 사람이 혼란스러워하지 않을 것이다'라고 자신 있게 말할 수 있는 부분만 엄선하여 접속사를 빼는 것이 적당하다.

* 문장의 질은 '퇴고'로 정해진다

처음부터 완벽한 글, 완벽한 문장을 쓸 수는 없다. 문장을 쓰다가 어떤 한 부분에서 막혀 시간만 무한정 흘려 보낸 경험은 누구나 있을 것이다. 문장 쓰기가 익숙하지 않은 사람일수록 이 덫에 사로잡힌다.

하지만 완벽한 문장이 단번에 완성되는 일은 거의 없다. 문장의 질은 '퇴고'를 할 때 높아진다. 게다가 퇴고는 한 번으로 끝나지 않는다. 시간이 허락하는 한 몇 번이고 계속해야 한다. 훌륭한 글을 쓰는 사람은 퇴고를 거듭할수록 문장의 완성도가 높아진다는 사실을 알고 있다.

짧은 SNS 글을 쓰더라도, 블로그 글 같은 장문을 쓰더라도 꼭 퇴고를 한 후 업로드를 하자.

퇴고의 요령은 시점을 바꾸는 것이다. 여기에서는 문장의 질을 높이는 데 꼭 필요한 '퇴고할 때의 시점'에 대해 몇 가지 소개하겠다.

✱ 교정자의 시점에서 읽는다

교정자는 오탈자는 물론 논리의 정합성, 자료와 근거의 정확성 등을 작업하는 전문가이다. 이것이 일반적인 퇴고의 이미지이다. 특히 광고 메일, 보고서 등을 쓸 때는 교정자의 시각으로 반드시 오탈자와 팩트 확인을 하는 습관을 가진다.

✱ 독자의 시점에서 읽는다

문장으로 사람들을 움직이게 하려면 이 부분이 가장 중요하다. 원고를 쓰는 데 집중할 때는 아무래도 자기 위주로 문장을 쓰기 때문이다. 그러니 일단 문장을 쓴 후에 스스로 예상 독자가 되어 다시 읽어보자. 그러면 개선할 점이 눈에 띈다. 만약 예상 독자가 여러 층이라면 '이번에는 주부의 시선에서', '이번에는 청년의 시선에서' 등으로 나눈다. 조금 번거로워도 각각의 시점에서 읽어 무리가 없는지 확인하도록 하자.

*환경을 바꾸어 읽는다

놀랍게도 읽는 환경을 바꾸면 보이지 않던 것이 보이게 된다. 의식적으로 환경을 바꾸어 문장을 읽으면 새로운 시점에서 읽게 되고, 지금까지 몰랐던 것을 알게 되기도 한다.

밤에 쓴 문장을 다음 날 아침 일찍 다시 읽기, 워드로 쓴 문장을 A4 용지에 출력해서 읽기, 컴퓨터에서 쓴 문장을 스마트폰으로 읽기, 서재에서 쓴 문장을 커피숍에서 읽기 등등 방법은 많다. 특히 오전에는 뇌의 잡념이 적기 때문에 문장을 다듬기에 가장 좋다.

3장

"이제 조금 익숙해졌다면"

중급편(1): 공감받는 문장 쓰기

'나는'을 '당신은'으로 바꿔본다

초점을 '나'에서 '너'로 바꾸는 순간
읽는 이는 마치 자신의 일처럼 느끼게 되지요.

글로 누군가를 설득하고 싶을 때, 어떤 행동을 유도하고 싶을 때 어떻게 하면 좋을까? 읽는 사람 스스로 글 속의 당사자가 본인이라고 생각하며 읽도록 해야 한다.

하지만 의욕이 너무 앞서서 프레젠테이션이나 설교 때 많이 쓰는 강압적인 어투를 쓰면 독자는 의도를 제대로 파악하지 못할 수 있다. 문장에 담긴 내용보다는 문장을 휩싸고 있는 어투에 집중하기 때문이다. 당신이 무언가를 열심히 가르치려 하면 할수록 사람들은 당신의 설교를 삐딱한 자세로 듣게 된다.

그렇다면 독자가 문장을 똑바로 마주하며 '그래, 맞는 말이야'라고 공감하게 하려면 어떻게 해야 할까? 가장 간단한 방법은 '당신'이라는 말을 넣는 것이다. 또는 '나는'이라고 쓴 부분을 '당신은'으로 바꾸어도 좋다. 그러면 문장의 초점이 읽는 사람에게 맞추어져 독자는 자신의 일인 것처럼 글을 읽게 된다.

영업을 할 때 보통 상품의 장점을 전하려는 마음이 앞선 나머지 주어를 '나'라고 하는 일이 종종 있다. '나는', '우리 회사는', '이 제품은' 등등으로 표현하는 것이다.

예전에 양복을 사러 갔을 때 판매 수완이 참 좋은 판매원을 만난 적이 있었다. 그는 "제가 고객님이라면 이 옷을 고르겠어요"라고 말했다. 그렇게 들으니 왠지 그 옷을 사고 싶은 마음이 들었다. 보통 판매원들은 "이 상품을 추천합니다", "지금 세일할 때 장만해두세요" 하며 말을 거는데, 이렇게 해서는 쉽게 구매욕이 일지 않는다.

지금 이 책을 읽는 동안에는 '맞아, 그렇지'라며 고개를 끄덕끄덕하겠지만 실제로 문장을 쓸 때는 그렇게 되지 않는다. 단단히 의식하지 않으면 금세 자신에게 초점을 맞추기 마련이다. 몇 번이고 다짐해도 무심코 지나쳐버리는 것이 바로 '상대의 눈높이'이다.

기회가 된다면 예전에 누군가를 설득하기 위해 쓴 문장(메일이나 연애편지 등)을 다시 읽어보자. 아마 전체 내용의 90퍼센트가 자신에게 초점이 맞춰져 있을 것이다. 나에게 초점이 맞춰져 있으니 내가 하고 싶은 말만 일방적으로 전달할뿐더러, 글이 전체적으로 나의 상태나 감정에만 집중되어 오히려 읽는 사람이 부담스럽다고 느낄수도 있다.

자신에게 초점을 맞추는 행동은 어찌 보면 당연하다. 본인에 관한 일이라면 부담 없이 술술 쓸 수 있기 때문이다. 평범한 영업사원이 유독 상품을 설명할 때만 더 열정적인 태도를 보이는 것도, 열심히 준비한 내용을 꺼내어 말하기가 편하기 때문이다.

하지만 베테랑 영업사원은 시종일관 자신의 이야기만 하지 않는다. 항상 객관적인 시점에서 정보를 파악하고 잠재적 니즈를 찾아 상품에 대한 흥미를 일으키려고 노력한다. 그때 자신의 이야기는 양념 같은 역할로 사용한다.

이와 같은 예를 문장으로 설명해보겠다. 독서 습관의 중요성에 대해 이야기한다고 하자. 주어를 일인칭으로 쓰면 이런 느낌이다.

Before

나는 한 달에 책을 최소 10권 읽는다. 책이 훌륭한 이유는 저자가 수십 년이나 걸려 알아낸 본질적인 해답을 몇 시간 만에 배울 수 있기 때문이다. 나는 앞으로도 책을 계속 읽어서 꿈을 실현하는 데 박차를 가할 것이다.

나쁘지는 않지만 왠지 혼잣말을 중얼거리는 느낌이다. 그래서 '당신'이라는 말을 넣어보았다.

After

당신은 한 달에 책을 몇 권 읽는가? 책이 훌륭한 이유는 저자가 수십 년이나 걸려 알아낸 본질적인 해답을 몇 시간 만에 배울 수 있기 때문이다. 만약 당신에게 꼭 이루고 싶은 꿈이 있다면 독서는 분명 그 꿈을 실현하는 데 박차를 가해줄 것이다. 나에게도 큰 꿈이 있기 때문에 한 달에 최소 10권을 읽고 있다.

자신의 의식을 독자에게 향하도록 바꾸는 일이 쉽지는 않다. 하지만 그저 '당신은'이라고 써보는 것은 누구나 할 수 있다. 주어를 '당신은'이라고 바꾸는 것만으로도 의식은 독자에게 향한다. 독자를 의식하면서 쓰기 때문에 독자는 '나를 위해 쓰인 문장인 것 같아', '나한테 하는 이야기 같다'라고 생각한다.

나는 이 테크닉을 첫 번째 문장을 쓸 때 사용하기도 하고, 퇴고할 때 사용하기도 한다. 첫 번째 문장에 사용하는 경우는 진도가 나가지 않는다고 느낄 때이다. 어떤 이야기부터 쓸지 고민된다면 일단 '당신은'이라고 쓴다. 그러면 어떻게 해서든 뒤의 내용을 이어가게 된다. 이것은 문장 쓰기가 아직 익숙하지 않은 사람에게 권하는 방법이다.

퇴고할 때 사용하는 경우는 반대로 문장이 잘 써질 때이다. 나도 모르게 문장이 술술 써질 때는 대체적으로 내 이야기만 하게 되는 경우가 많기 때문에 일단 쓰고 싶은 말을 얼른 쓰고, 그다음에 의식적으로 수정하는(방향을 180도 바꾸는) 느낌으로 작업한다.

"나도 예전에는…"
듣는 사람 위치로 내려와서 말한다

"원래 똑똑하잖아요." "금수저 아닌가요?"
독자들의 오해를 잠재우는 법

"내가 너만 할 때는 엄청 못했어." 프로 선수나 유명인사가 어린이들 앞에서 자주 하는 말이다. "제가 초짜일 때 얼마나 사고를 쳤는지 몰라요." 잘나가는 컨설턴트나 마케팅 전문가가 강연에서 자신이 아마추어였을 때를 꺼내며 이렇게 이야기하는 경우도 많다. 주위 사람들을 잘 챙겨주는 상사도 부하 직원에게 "나도 신입일 때는 만날 상사한테 혼났어"라는 이야기를 하곤 한다. 무언가를 가르칠 때 서로 약속이나 한 듯이 말이다.

이것은 글을 쓸 때도 꼭 염두에 두어야 할 점이다. 당신이 어떤 분야에서 뛰어난 실적이 있어서 그 노하우나 마음가짐을 사람들에게 전하려면 일단 듣는 사람의 수준까지 내려오는 정성이 필요하다. 나는 이것을 '눈높이 맞추기'라고 한다. 실제로 내가 쓴 글이나 동료의 문장을 체크할 때 제일 먼저 확인하는 사항 중 하나이다.

'높은 위치에 있는 사람인데 굳이 그렇게 해야 돼?'라는 의견도 있을 것이다. 그러나 독자의 눈높이를 맞추느냐 맞추지 않느냐의 차이는 크다.

사람들은 대부분 '구름 위에 있는 사람', 즉 높은 위치에 있는 사람이 하는 말은 '원래 대단한 사람이니까 그런 일이 가능한 거겠지'라고 생각한다. 아무리 뜻있는 메시지를 전해도 나와 차원이 다른 사람이 으레 하는 말이겠거니, 하고 의도를 있는 그대로 받아들이지 못하는 경우가 허다하다. 이를 방지하기 위해서는 일단 구름 위에서 내려와 독자 옆에 서야 한다.

　사업에서 성공한 사람이 쓴 자기계발서가 쉬운 예이다. 인생의 귀감이 되는 이야기가 가득함에도 불구하고 저평가되는 책은 대부분 이런 '눈높이'를 맞추지 않았거나 그런 노력이 부족하기 때문이다. 책에 대한 비판적인 리뷰를 읽어보면 아니나 다를까, "별로 참고가 되지 않았다. 이 저자는 일류 대학을 졸업한 것을 보니 원래 대단한 사람이다", "어차피 날 때부터 가진 게 많은 사람이다. 나와는 거리가 느껴진다"라는 식이다.

자기계발서의 목적은 독자를 한 단계 또는 독자가 원하는 수준으로 업그레이드하는 것이기 때문에 어느 정도 '위에서 바라보는 시선'에서 쓸 수밖에 없다. 저자는 이미 실패를 딛고 일어나 성공을 맛본 사람이므로 "실패를 두려워하지 마세요" 식의 말을 쉽게 전할 수 있지만 읽는 사람 입장에서는 너무 큰 부담일 수 있다. 또한 저자는 전문가 입장에서 쓰는 것이기 때문에 '이 정도는 기본적으로 알아야 한다'라는 기조를 유지할 수 있으나, 보통 사람이 시간과 정성을 들여 그만큼의 지식, 정보를 습득하기가 그리 녹록지는 않다.

개인적으로는 그런 비판적인 코멘트를 볼 때마다 '독자들이 좀 더 있는 그대로 읽으면 좋을 텐데'라는 안타까움이 있지만 당사자 본인의 사고 회로, 이를테면 체념이나 콤플렉스 등은 웬만해서는 바꿀 수 없다. 따라서 한 명이라도 더 많은 사람들에게 유익한 메시지를 전하려면 글쓴이가 먼저 다가서고 맞추는 노력과 자세가 필요하다.

독자의 사고 회로가 멈추지 않도록 하기 위한 대책으로 두 가지가 있다. 하나는 '업그레이드된 단계'의 기준치를 낮추는 것이다. 독자가 '그 정도라면 할 수 있을 것 같아'라고 생각하게 하는 방법이다. 또 하나는 일단 독자와 눈높이를 맞추는 것이다. '이 저자는 이상과 현실의 큰 차이를 실제로 메웠구나. 사람은 그렇게 성장할 수도 있구나'라고 납득시키는 방법이다. 이는 독자의 동기부여를 높인다는 점에서 효과가 크다.

이 책의 머리말에서 내가 부업으로 블로그에 글을 쓰기 시작했을 때의 이야기를 소개했는데, 이것도 독자와 눈높이를 맞추기 위해서였다. '처음부터 이 사람은 글을 잘 썼던 거 아냐?'라며 반신반의한 마음으로 읽지 않았으면 하는 바람에서 일부러 서두에 사실을 밝혔다. 전달한 정보와 메시지를 자신의 일처럼 받아들이게 하려면 독자의 마음을 여는 일이 먼저인 것이다.

18

독자를 '선별한다'는 것은
독자를 '버린다'는 뜻

집착하지 마세요.
'모든 사람이 좋아하는 문장'은 세상에 없습니다.

우리가 일상에서 쓰는 문장은 대부분 읽는 사람이 정해져 있다. 카카오톡 상대는 가족이나 친구, 직장 동료이고 메일도 수신자가 명확하니 헷갈릴 일이 없다. 그러나 광고 메일, 블로그, SNS 등에 쓰는 문장은 어떨까?

당신은 글을 쓸 때 읽는 사람이 누구인지 확실히 알고 있는가? '그렇다'고 자신 있게 말하는 사람은 이미 좋은 문장을 쓰고 있다는 뜻이다. 상대 입장에서 문장을 쓰는 것이 공감을 얻는 문장의 기본이기 때문이다. 반대로 '전혀 모른다'고 답한 사람은 독자를 상상하면서 글을 쓰는 연습이 필요하다. 지금보다 문장이 훨씬 더 좋아질 것이다.

가전제품이든 어플이든 콘텐츠든, 어떤 상품을 만들 때 처음부터 구체적으로 기획을 하지는 않는다. 일단 대략적으로 큰 틀을 잡고 점차 세세한 사항을 결정한다. 초기 기획서에서 가장 중요한 항목은 '누구에게 무엇을 전할 것인가?'이다. 이는 글쓰기에서도 마찬가지이다.

출판사에서 "이런 주제로 책을 내보면 어떨까요?"라는 제안이 들어왔다고 하자. 그러면 우선 기획 회의를 하는 데 내가 가장 먼저 의제로 올리는 것은 예상 독자이다. 편집자가 준비한 기획서에 예상 독자가 적혀 있어도 다시 의논한다. 저자가 생각하는 독자와 출판사가 생각하는 독자 범위에 합의가 이루어지면, 그때 비로소 책에 가장 알맞은 독자층이 대략적으로나마 정해지는 것이다.

그다음에는 '예상 독자의 흥미를 끄는 가장 중요한 관점은 무엇인가?'를 곰곰이 생각한다. 마지막으로 던지는 질문이 바로 이것이다. 그래서 누구에게 무엇을 전할 것인가? 실제로는 '누구에게'를 먼저 정하고 '무엇을'은 나중에 생각하는 경우가 많다. 그 정도로 '누구에게'는 중요한 항목이다.

결국 독자의 모습을 떠올리지 않으면 이런 의문조차 생기지 않는다.

'어떤 말을 사용하면 독자의 심금을 울릴까?'
'어떤 이야기로 전개해야 독자가 납득할까?'
'어느 정도 수준으로 써야 독자가 쉽게 이해할까?'

다시 말해 대상 독자를 특정하지 않으면 가장 큰 틀이 없는 셈이고, 큰 틀이 없으니 구체적으로 무엇을 어떻게 넣어서 전달할지도 정할 수 없는 것이다. 이런 문장이 과연 효율적으로 전해질까? 쓰는 사람조차 무엇을 쓰는

지 모르는 문장이니 말이다. 독자들은 분명 '도대체 이 문장은 누구 읽으라고 쓴 거야?'라고 생각할 것이다. 이렇게 해서 공감을 얻을 리는 만무하다.

'공부법'이라는 주제로 글을 쓴다고 하자. 예상 독자가 경영자나 관리직이라면 '어떻게 부하 직원에게 공부를 시킬까?', '40대, 50대부터 익히는 공부 기술' 등의 주제가 공감을 받을 것이다. 그러나 학생을 상대로 한다면 '시간을 효율적으로 쓰는 공부법', '작심삼일인 사람도 지속할 수 있는 공부법'이라는 주제가 먹힐 것이다.

앞서 문장을 쓸 때는 독자에게 초점을 맞추라고 했는데, 예상 독자를 생각하지 않으면 그 초점을 어디에 두어야 할지 알 수가 없다.

여기서 조금 어려운 점이 있다. 예상 독자를 어디까지로 정할 것인가? 출판 기획 회의에서 자주 논쟁이 되는 부분이 '독자층은 폭넓게 잡아야 한다'는 의견과 '1차 타깃에게 확실하게 전해야 한다'는 의견이다. 당신이 회사에서 광고 메일을 쓸 때도 이런 갈등이 있을 수 있다.

나 역시 블로그에 글을 쓰기 시작했을 때는 계속 고민했다. 매출을 늘려야 한다는 생각이 앞서면 예상 독자의 범위를 넓히게 되는데, 이때 너무 넓혀버리면 독자의 마음을 움직이기 어렵다. 내 경험으로 확언할 수 있는 불변의 법칙이다. 그러니 처음에는 예상 독자의 범위를 좁게 잡도록 하자.

공감을 얻는다는 말을 오해해선 안 된다. 이것은 모든 사람에게 사랑을 받는다는 의미가 아니다. 여러 층에게 공감을 받고 싶은가? 그런 경우엔 확실하게 하나의 타깃에게 통하는 문장을 여러 개 쓰면 된다.

'이번에 A독자를 노린다'라고 결정하는 것은 반대로 말하면 '이번에는 B독자는 버린다'라는 뜻이다. 다소의 용기와 결단을 발휘해보자.

19

페르소나 설정하기

: 핵심 독자를 대단히 상세하게 잡는다

"32살 직장 여성 A씨는 아침 7시에 일어나⋯"
스토킹이 아닙니다. 핵심 타깃 추적입니다.

예상 독자를 어느 정도 좁혔는가? 그렇다면 다음에 할 일은 예상 독자를 최대한 자세하게 떠올리는 것이다. 예를 들어 20대 직장 여성을 독자로 정했다면 그들의 라이프스타일은 어떤지, 무엇에 가치를 느끼며 어떤 꿈을 꾸고 어떤 고민이 있는지 파헤쳐야 한다. 어떤 영화를 보고, 어떤 음식을 먹는지, 어떤 인물이 그들의 화제에 오르는지, 즐겨 읽는 책은 무엇인지를 상세하게 알아본다. 그래야만 이 사람들이 진짜 원하는 것이 무엇이고, 어떤 생각을 갖고 있는지를 간접적으로나마 느낄 수 있다.

이것을 마케팅 용어로 '페르소나 설정'이라고 한다. 다소 어려운 이야기지만 이렇게 독자의 모습을 명확하게 이미지화하지 못하면 타깃팅에 실패할 가능성이 높다.

타깃을 잘 안다는 것이 무엇인지 이해를 도울 만한 사례가 있다. 일본의 한 인기 유튜버가 다음과 같은 코멘트를 남겼다. "제 팬은 주로 초등학생이나 중학생이에요. 아주 어려요. (중략) 그래서 콘텐츠를 생각할 때 알코올은 제외합니다. 가족 모두 식사를 하면서 볼 수 있는 콘텐츠를 만들어야겠다고 생각하기 때문에 음담패설도 하지 않습니다. (중략) 교육 프로그램은 아니지만 중고등학생과 거리감을 좁혀 그들의 친근한 히어로가 되고 싶습니다."

그의 코멘트를 자세히 살펴보면 누가 자신의 콘텐츠를 구독하는지 명확히 파악하고 있음을 알 수 있다. 그는 이 구독자층에 맞게끔 콘텐츠 내용을 정했고, 역으로 만들지 말아야 하는 콘텐츠 유형도 정확하게 파악했다. 언뜻 자유로워 보이는 유튜버도 그 누구보다 철저하게 마케팅을 하고 있다는 뜻이다. 자신의 팬층이 누구인지 정확히 알고 타깃팅을 해야 충성도 높은 열성 팬이 늘어나고, 상대의 반응을 극적으로 끌어올릴 수 있다.

그럼 구체적으로 예상 독자의 모습을 어디까지 명확하게 잡아야 할까? 참고로 다음은 내가 평소에 사용하는 페르소나 설정(타깃 분석) 체크리스트이다.

타깃 분석을 위한 체크리스트

☑ 나이 ☑ 성별

☑ 거주지 ☑ 직업

☑ 연봉 ☑ 가족관계

☑ 취미 ☑ 고민, 불안

☑ 꿈, 목표 ☑ 성격, 가치관

☑ 좋아하는 책, 영화

☑ 좋아하는 TV 프로그램, 유튜브 채널

☑ 좋아하는 인물, 동경하는 셀럽

☑ 평일, 휴일의 라이프스타일은 어떠한가?

☑ 그들의 이상적인 라이프스타일은 무엇인가?

☑ 그들이 갖고 싶어하는 것은 무엇인가?

☑ 그들이 가고 싶어하는 나라, 여행지는 어디인가?

여기에서 중요한 포인트를 하나 더 추가하겠다. 페르소나 설정은 망상으로 이루어져서는 안 된다. '분명 사람들은 이런 걸 바랄 거야'라고 가설을 세울 수는 있지만, 그것이 그냥 답이라고 믿으면 또다시 자기중심적인 글이 되고 만다.

그런 의미에서 가장 확실한 방법은 당신 주위에 있는 사람 중에서 예상 독자를 고르는 것이다. 이는 글쓰기가 생업인 작가들이 자주 사용하는 방법이다.

주위 사람들 중에서 찾지 못해도 괜찮다. 요즘은 SNS가 있으니 어렵지 않게 유사 모델을 찾아볼 수 있다. 인스타그램이나 트위터에서 설문 조사를 시작해보자. 온라인이나 오프라인 커뮤니티에 참석하는 것도 좋은 방법이다. 실제로 대화하고 상대를 이해하면 예상 독자를 위한 문장을 쓰는 데 다양한 아이디어를 얻을 수 있다.

앞서 말한 예처럼 '20대 직장 여성'을 예상 독자로 정하면, 그들에 관한 전문가가 되었다고 생각하고 행동 패턴부터 가치관까지 조사하면 된다. 예를 들어 다음 질문에 대한 답은 예상 독자를 깊이 이해해야만 찾을 수 있는 것들이다.

     ✱ 어떤 구절을 사용해야 사람들의 가슴이 뛸까?
     ✱ 어떤 화제를 언급하면 사람들의 흥미를 끌 수 있을까?
     ✱ 어떤 스토리를 전개하면 공감을 얻을까?

"글을 쓸 때마다 타깃을 설정하고 조사를 해야 하나요? 그럼 끝이 없잖아요." 이렇게 항변하는 사람도 분명 있을 것이다. 답을 하자면 "네, 그렇게 해야 합니다"이다.

여러 번 언급했지만 문장 쓰기 기술은 한 번 제대로

익히면 평생 어디서든 써먹을 수 있는 강력한 무기가 된다. 그런 무기를 얻는 데 이 정도 노력은 당연한 게 아닌가. 앞으로 특정 독자층을 상대로 문장을 쓰고 싶다거나 특정 팬이나 팔로워를 늘리고 싶다면, 해당 타깃을 조사하는 데 시간과 노력을 충분히 들이는 것이 장기적으로도 큰 도움이 될 것이다.

내 경험을 덧붙이자면 핵심 독자를 조사할 때 잡지를 참고하는 것이 꽤나 유용하다. 특히 여성지는 독자층이 명확하기 때문에 여성지의 필자나 편집자들은 여성들의 마음을 사로잡는 법을 잘 안다. 예를 들어 30대 직장 여성을 위한 잡지에서 '바쁜 아침, 단시간에 메이크업 완성!'이라는 특집이 편성되면 '그래, 일하는 여성이니까 시간적 효율을 따지겠지' 하고 바로 타깃의 관심사를 이해하게 되는 것이다.

잡지 외에도 특정층을 겨냥한 유튜브 채널이나 예능 프로그램 등을 두루 참고하길 바란다. 마음만 있다면 어떻게든 공부하고 조사하는 길은 열려 있기 마련이다.

'사람 팬'과
'상품 팬'의 차이를
분명하게 인지한다

인기작가 A씨가 발로 글을 써도 잘 팔리는 이유.
작품, 상품이 아닌 '사람'에 대한 팬심을 키우세요.

"사람은 결국 사람을 좋아한다." 공감이 키워드인 요즘 시대에 글을 쓸 때 이 말을 꼭 의식했으면 좋겠다. 아무리 좋은 콘텐츠를 제공했다고 해도 글쓴이가 인간적으로 호감을 얻지 못하면 진정한 팬이 생기지 않고 우호적인 관계를 지속할 수 없다는 뜻이다. 바꿔 말하면 '상품에 대한 팬'과 '사람에 대한 팬'은 다르다는 의미이다.

　　콘텐츠만으로 승부하던 작가가 연달아 히트작을 내지

못했을 경우 금세 잊히고 마는 것을 종종 목격한다. 좋은 콘텐츠를 만드는 것도 중요하지만 동시에 독자가 그 사람의 팬이 되어야 한단 얘기다.

소설 같은 예술 영역에서는 '작가의 얼굴은 모르지만 그의 작품이 좋다'는 경우도 있고, 유명 블로거 중에는 자신의 얼굴을 드러내지 않는 인플루언서도 있다. 하지만 요즘 시대에 그런 예는 흔치 않다.

"TV에서 봤는데 사람이 너무 매력적이야. 그런데 작품도 좋네. 챙겨 보고 싶은 마음이 생기더라니까." "나한테 꼭 필요했던 얘기였어. 근데 말하는 사람이 호감이다. 나도 구독해야지." 사람과 작품, 작품과 사람이 물리고 물리는 구조이다. 그렇게 해서 콘텐츠 생산자, 즉 사람에 대한 호감으로 이어져야만이 지속적이고 끈끈한 팔로워십이 생겨나는 것이다.

그럼 어떻게 하면 '사람 팬'을 늘릴 수 있을까? 답은 바로 '자신을 드러내는 것'에 있다. 자주 볼 수 있는 음식점 블로그를 예로 들겠다.

블로그에 들어갔는데 온통 '신메뉴 등장!', '다음 정기 휴일은 ○일입니다', '오늘은 대관합니다. ○○원부터 대관 가능' 등 영업에 관한 글만 있으면 어떨까? 들어가자마자 광고만 보인다면 거부감부터 들지 않을까? 내가 알고 싶은 내용은 그게 아닌데, 하고 실망하지 않을까?

블로그에 찾아가서 알고 싶은 점은 그 가게에서만 들을 수 있는 이야기이다. 그 가게에 관심이 있기 때문이다. 요리에 대한 주방장의 생각, 음식 재료에 대한 집착, 고생담, 창업 비화, 직원들의 영상 등 평소에 손님으로 그 가게에 방문했을 때는 몰랐던 뒷이야기를 알고 싶은 것이다. 그런 점들을 접하면 가게에 감정이입이 되어 팬이 된다.

자신을 드러내는 방식 중에서도 특히 과거 에피소드를 이야기하는 것은 '사람 팬 만들기'와 '상품 팬 만들기' 모두에 활용할 수 있다.

만약 음식점 주인이 블로그에서 "젊을 때 화려한 프랑스 요리를 동경해 유럽에 가서 공부를 했습니다. 그런데 우연히 여행하다 방문한 어떤 민박집에서 나온 된장국을 한 입 먹은 후, 요리사로서의 철학이 바뀌었습니다. 그때부터 국물의 세계를 파헤치고 싶었습니다"라고 썼다면 어떨까?

이미 그 가게에 간 적이 있는 사람도 그 글을 읽으면 주인의 진지한 태도에 마음이 끌리고 원래 프랑스 요리 셰프였다는 의외의 사실에 놀랄 것이다(사람 팬). 그리고 지금까지 무심코 마셨던 된장국이 100배 맛있게 느껴질 것이다(상품 팬). 아마 나라면 다음에 그 가게에 갈 때는 된장국 사진을 인스타그램에 올리고 주인의 이야기를 공유할 것이다.

자고로 전문가는 이런저런 사소한 이야기를 하지 않고 성과물만으로 승부한다는 이미지가 강하다. 하지만 전문적인 사람일수록 사람들의 흥미를 끌거나 그들의 마음을 자극하는 에피소드를 갖고 있기 때문에 다른 사람들과 공유하면 더욱 좋다. 사람들은 그런 글에서 친근감도 느끼고 몰랐던 이야기에 대한 관심도 높아지면서 전보다 더 깊은 매력을 느끼게 된다.

그렇다면 뛰어난 실적이나 재미있는 과거 에피소드가 없는 경우에는 어떻게 하면 좋을까? 그럴 때는 자신이 원하는 모습을 선언하고 실제로 노력하는 모습을 전하면 된다. 그렇게 열심히 하면 응원을 보내는 사람(사람팬)이 반드시 나타난다.

꿈이나 목표를 갖고 있어도 남들에게 말하지 않는 사람도 많다. 나 역시 그런 경험이 있다. 고등학생 때의 일인데, 어느 날 아버지에게 대학에 가겠다고 선언했다. 자식이 대학을 간다고 하면 어느 부모님이든 두 팔 벌려 환영하지 않는가?

그런데 우리 아버지는 예상을 뒤엎고 극구 반대했다. 이유를 물으니 "그건 네가 하고 싶은 일이 아닌 것 같아서"라고 했다. 그동안 대학에 가고 싶다는 생각은 줄곧 하고 있었지만 부모님께 그런 말을 한 적이 없었다는 사실을 깨달았다. 그래서 나는 그날부터 한 달 정도 매일 학원을 다녔고, 집에서도 눈에 잘 띄는 곳에 참고서를 두어 내 진심을 전했다. 결국 아버지도 이해하고 든든한 조력자가 되어주었다.

아직 실적이나 명함이 없는 사람이 진정한 팬을 만들고 싶다면 꿈이나 목표를 공개적으로 쓰는 것이 좋다. '또?'라고 생각될 정도로 쓰고 또 쓰며 반복한다. 그리고 꿈이나 목표를 향해 악착같이 노력하는 모습을 보여준다. 넘어지고 쓰러져도 부끄러워하지 말고 그 모습을 솔직하게 꺼내 보인다. 한 발 한 발 나아가는 모습에 사람들은 공감하고 어느새 응원을 건넬 것이다. 마침내 당신이 그 목표를 이루었을 때 자신의 일처럼 환호할 것이다. 그렇게 팬이 되는 것이다.

물론 모든 사람이 받아주지는 않는다. '열심히는 하는데 왠지 꼴불견이야'라고 생각하는 사람도 있겠지만 그런 점은 신경 쓰지 않아도 된다. 100명 중 한 명이라도 당신의 뜻에 공감하고 응원해준다면 그것으로 충분하지 않을까?

'Yes, but' 3단계로
사전에 반론을 없앤다

모두에게 사랑받을 순 없지만
최대한 반감을 사지 않는 방법은 있어요.

글쓰기가 익숙하지 않으면 불특정 다수의 사람들을 향해 문장을 쓰는 것 자체에 아무래도 두려움을 느끼기 마련이다. '내 글을 읽을까?', '신랄한 비판을 받으면 어떡하지?' 하는 걱정과 우려가 있다. 그래서 '사람들이 읽었으면 싶기도 하고 읽지 말았으면 하기도 한다'는 상반된 감정이 생긴다.

매일 글을 쓰는 내 경험에서 이야기하자면 아무리 논리적인 문장을 써도 사람들이 내 글에 100퍼센트 동의

하는 경우는 없다. 예를 들어 일본에서만 500만 부가 팔린 베스트셀러이자 세계적인 작가 데일 카네기의 책《사람을 움직여라》도 서점 리뷰를 보면 별 1개를 주는 사람이 3퍼센트나 된다.

사람은 각자 가치관이나 처한 상황이 다르다. 특히 타깃 독자가 아닌 사람이 읽으면 "기대한 것과 다르다"고 말하는데 이것은 어쩔 수 없다. 받아들여야 한다. 중요한 내용이기 때문에 반복해서 말하는데 모두에게 공감받는 문장을 쓰기는 불가능하다.

하지만 그렇다고 쓸데없이 반감을 살 필요도 없다. 모든 사람에게 사랑을 받는 것은 어렵지만 최대한 반감을 사지 않도록 하는 것은 가능하다. 그래서 나는 평소에 문장을 쓸 때 반론이 예상되거나 위화감을 느낄 수 있는 부분에 "하지만 ~라는 의견도 있을 수 있다"라고 쓴다. 그러면 독자는 '이 사람도 알고는 있구나' 하고 생각한다. 그렇기 때문에 적어도 '내 의견이 무시당했어'라는 감정은 갖지 않게 된다.

이런 유비무환식의 작업은 예상 독자가 확실히 정해지면 정확한 타이밍에 쓰는 것이 가능하다. 예를 들어 '집중해서 일하고 싶으면 전화 통화가 거의 없는 이른 아침이 골든타임이다'라는 메시지를 전한다고 하자.

그런데 예상 독자 중에 40세 전후 직장 여성이 포함된다고 하면 그들은 이 시간에 한창 출근 준비와 육아로 바쁠 가능성이 높다. 그런 사정을 문장에서 같이 언급하지 않으면 그들은 실제로 분노하기도 한다. "이렇게 쓴 걸 보니 이 저자는 분명 독신이야.", "나 같은 워킹맘의 사정을 전혀 모르잖아. 이 사람 뭐야?"

그런 점이 우려될 때는 이렇게 써보는 거다. "하지만 아침에는 집안일로 바쁜 사람도 있다. 그런 사람에게 권하는 방법은 ~이다." 그러면 글에 대한 공감이나 이해도, 신용도가 완전히 달라진다.

사람들에게 무언가 깨달음을 주고 싶을 때는 독자의 상식을 조금씩 깨뜨려야 한다. 여기에서도 '반론을 먼저 없앤다'는 테크닉을 활용할 수 있다. 그럴 때 편리한

방법이 반대 의견을 일단 받아들인 후 반론하는 'Yes, but' 3단계이다. 실제로 이 방법은 다음과 같이 사용할 수 있다.

1단계 : ○○하는 것은 중요합니다(전하고 싶은 말).

2단계 : 반대로 △△라고 생각하는 사람도 있을 텐데 그 심정은 충분히 이해할 수 있습니다(예상되는 반론을 Yes로 받아들인다).

3단계 : 하지만 ××라는 관점에서도 ○○의 중요성은 변함이 없습니다(보충 설명을 하며 반론한다).

눈치챘을지 모르겠는데 사실 이 책에서도 Yes, but 방법을 계속 사용하고 있다. 한 번 익혀두면 여기저기 쓰일 곳이 많으니 꼭 활용해보기 바란다.

22

팬을 모으는 기본 중의 기본,
프로필로 유혹하기

강렬한 카피, 재미있는 콘텐츠, 그다음은?
독자는 반드시 당신의 프로필을 찾아봅니다.

평소 인터넷 서핑을 하다 재미있는 블로그 기사나 유용한 SNS 게시글을 접하고 글쓴이의 프로필을 찾아본 경험이 있을 것이다. 나는 항상 찾아본다. 어떤 경력을 거치면 이런 글을 쓸 수 있는지 알고 싶기도 하지만, 단순히 어떤 사람인지 알고 싶을 때도 있다. 프로필을 보고 그 사람에게 흥미가 생기면 지난 기사도 읽어보고 '이 사람 정말 재미있네?'라는 생각이 들면 팔로우를 한다. 누군가를 팔로우를 할 때는 대개 이런 흐름을 보인다.

블로그든 SNS든 거의 모든 서비스에서 자신의 프로필을 기입하도록 되어 있다. 그런데 이런 프로필을 적당히 넘기는 사람이 많다.

문장이 불특정 다수와 접점을 갖는 터치 포인트(계기)라고 한다면, 프로필은 당신에게 흥미를 갖는 사람을 위한 첫 자기소개라 할 수 있다. 누군가에게 강한 인상을 남기거나, 호감도를 높일 수 있는 아주아주 좋은 기회이다.

사람을 만날 때 어느 시점에서 인상이 정해지는지를 떠올려보자. 대부분 첫인사가 아니던가. 이를 블로그나 SNS에 대입해보면 당신이 쓴 프로필이 그 역할을 할 것이다. 프로필에 정성을 들여야 하는 이유가 여기에 있다.

그럼 프로필에 어떤 내용을 쓰면 좋을까? 이것은 목적에 따라 다르다. 예를 들어 같은 취미를 가진 사람과 연결되고 싶으면 그 취미에 관한 생각을 쓰면 된다. 하지만 본업이나 부업에 관련한 글을 쓸 경우에는 조금 어렵다. 그 요령을 짧게 소개하겠다.

① 어떤 전문가인지 명기한다

주로 프리랜서에게 해당한다. 조금이라도 일을 늘리고 싶어서 "뭐든지 할 수 있어요"라고 프로필을 쓰는 사람이 있는데 이건 잘못된 방법이다.

예를 들어 어떤 작가가 어떤 장르라도 쓸 수 있다고 썼다고 하자. 읽는 사람, 즉 작업 발주자 입장에서 생각하면 모든 장르가 가능하다는 말이 역효과를 부른다. 발주자는 명확한 주제를 갖고 있다. 가령 초등학교 교육에 대해 확실히 써줄 작가를 찾는데 뭐든 쓸 수 있다고 하는 작가에게 신뢰가 생길까? 오히려 불안할 것이다. 프로다운 모습을 보이고 싶다면 프로필에는 자신이 어떤 분야의 전문가인지 정확하게 명기하는 것이 더 효과적이다.

② 장점을 간단명료하게 쓴다

셀프 브랜딩은 중요하다. 하지만 필요 이상으로 잘 보이려고 과장된 표현을 쓰면 거짓말, 허세 같은 느낌이 드니 반드시 주의하자. 자신의 특징이나 스킬, 인성, 경력

등의 항목 중에서 장점이라고 생각되는 부분을 간결하게 말하는 것이 좋다. 또한 프로필을 읽었으면 하는 층이 좁혀졌다면 그들이 꼭 알고 싶어하는 정보를 같이 써두는 것이 좋다.

③ 실적을 구체적으로 알린다

정해진 글자 수에 맞춰 자신의 실력을 간단하게 전하려면 명함도 자격증도 아닌 실적을 내세우면 된다. 예를 들어 '○○사 재직 중 영업 실적 3년 연속 전국 1위' 식으로 표기하는 것이다.

④ 개인적인 매력도 어필한다

일과 관련한 프로필이지만 어느 정도의 매력 어필은 필요하다. 이는 셀프 브랜딩과 밀접하게 관계되는데 수위 조절이 관건이다. 가끔 페이스북이나 인스타그램의 프로필을 보면 필요 이상으로 과장하여 똑똑한 척하거나 화려한 척하는 사람들이 있다. 비호감을 얻기 십상이다. 편하게 웃는 사진을 올리거나 "이렇게 일 잘하는 사

람이 이런 취미를 다 갖고 있네?" 싶게끔 의외의 일상을
짧게 덧붙이기만 해도 훨씬 더 공감받는 프로필이 될 수
있다.

* 막히면 '소제목'부터 쓴다

매일 빠뜨리지 않고 블로그에 글을 쓰는 사람이나 1년에 몇 권씩 책을 많이 내는 사람. 문장을 생업으로 삼는 사람은 많다. 그들에게 "문장을 빨리 쓰는 요령은 무엇인가요?"라고 물으면 대부분 "익숙해서요. 습관이죠"라고 답한다.

분명 습관이 되어서 그럴 수도 있지만 더 정확하게 말하면 문장을 빨리 쓰는 요령을 무의식중에 익혔을 것이다. 여기에서는 누구나 실천할 수 있는 요령을 하나 소개하겠다.

나는 장문을 쓸 때 '소제목'부터 쓰는 경우가 많다. 블로그의 소제목은 책의 목차 구성과 같은데, 어떤 이야기를 어떤 순서로 쓸지 그 뼈대를 먼저 정하는 것이다. 그러고 나서 본문을 쓴다. 이렇게 하면 전체적으로 주제가 방대해도 그 소제목에 이어지는 문장에서 써야 할 내용이 한정되기 때문에 적어도 '무엇을 쓸까?' 하는 고민은 생기지 않는다.

다시 말해 소제목을 쓰면 생각이 뒤죽박죽되는 것을 방지할 수 있고 집중력을 지속할 수 있다. 한 가지 주제에 집중하기 때문에 깊은 이야기를 풀어내는 것도 가능하다. 여러 가지 다양한 에피소드를 풀어내는 것도 물론 가능하다.

글을 쓸 때에는 대부분 고민하느라 시간이 가는 경우가 많다. '뭘 쓰지?'만 생각하다가 첫 문장을 시작도 못 하는 것이다. 그러므로 처음에 소제목 단계에서 문장의 전체 상을 만들어두면 집필 시간을 대폭 줄일 수 있다.

그렇게 이야기의 흐름이 생기면 어떤 소제목부터 써도 상관없다. 최종적으로 이야기의 앞뒤가 맞으면 되기 때문에 첫 페이지부터 쓸 필요도 없다. 순서에 맞게 먼저 쓴 부분과 나중에 쓴 부분을 적절하게 이어 붙이면 된다. 그러니 졸려서 집중이 안 될 때는 간단하게 쓸 수 있는 부분을 쓰고, 집중이 잘 되는 날에는 어려운 부분에 도전하는 등 상황에 맞게 나누어 쓰면 된다.

4장

"자신감이 붙은 당신에게"

중급편(2): 흥미를 끄는 문장 쓰기

23

스테이크를 팔지 말고
'지글지글'
소리를 팔아라

쏴아~ 보글보글~ 샤라랑~
오감을 자극하면 구매욕이 솟아나지요.

"전부터 궁금했던 스테이크 하우스에 갔
다. 정말 맛있었다." 이런 게시글이 있다고 하자. 어떤가?
먹음직스러운 스테이크 사진이 있다면 좋겠지만 다 먹은
후의 빈 접시 사진뿐이라면? '그래서 어쩌라고?'라는 반
응이 나올 것이다. 솔직히 하나도 재미없다.

　　미국의 유명한 마케팅 컨설턴트 엘마 호일러가 남긴
말 중에 "스테이크 말고 시즐을 팔아라"라는 명언이 있
다. 내가 문장을 쓸 때 염두에 두는 말이다.

이것은 단순히 스테이크가 아니라 '근사한 공간에서 맛있는 스테이크를 먹으면서 행복한 시간을 즐기는 일련의 체험'에 끌려 돈을 지불한다는 뜻이다. 즉 뇌에서 그런 유사 체험을 하도록 하려면 고기가 지글지글 익는 소리와 맛있는 냄새가 바로 떠오르는 것 같은 문장을 써야 한다는 의미이다(잠시 설명하자면 시즐sizzle은 지글지글 굽는 소리를 말한다. 소비자의 오감을 자극하는 광고기법 중 하나이다).

그런데 이 시즐 기법은 상품을 팔기 위한 문장에 한정된 얘기가 아니다. 사람들이 흥미롭게 읽었으면 하는 문장이면 어디에든 사용할 수 있다.

문장 쓰기를 생업으로 삼는 전문가에는 누가 있을까? 문장으로 물건을 판매하는 카피라이터, 팩트를 전달하는 기자, 독특한 소재와 자신만의 문체로 감동을 주는 소설가…. 이들이야말로 문장의 고수라 할 수 있다. 우리가 그 수준을 노리기란 만만찮다. 하지만 거기까지 도달하지 않아도 독자에게 어필할 수 있는 작은 요령이 있다.

바로 문장 곳곳에 사람의 오감을 자극하는 말을 넣는 것이다.

이미 아는 사람도 많겠지만 오감과 뇌의 관계에 대해 간단하게 설명하겠다. 오감이란 인간이 가진 감각으로 시각, 청각, 촉각, 미각, 후각이 있다. 실제로 모든 감각을 느끼는 기관은 뇌이다.

예를 들어 지금 당신이 보고 있는 이 책은 눈이라는 영상 센서가 받아들인 시각 정보가 뇌에서 조합되어 '영상화'된 것이다. 바꾸어 말하면 눈은 비디오카메라의 렌즈이며 뇌 안에 영상을 처리하는 컴퓨터와 디스플레이가 있다는 뜻이다. 우리가 아름다운 노을을 보면서 '정말 멋진 경치야. 이런 걸 볼 수 있다니, 정말 좋다'라고 감동할 때 사실 우리는 뇌의 디스플레이를 보고 있는 것이다.

실제로 보지 않은 정보도 '영상화'를 돕는 말을 뇌에 입력하면 뇌의 디스플레이에 영상이 비춘다. 이것은 다른 감각에서도 마찬가지다. 말을 통해 뇌에서 정보를 재

구축할 수 있으면 인간은 그것을 느낄 수 있다. 인스타그램이나 유튜브를 통해서도 시각 정보와 청각 정보를 보낼 수 있는 것이다.

우리는 문장을 통해 모든 감각 정보를 내보낼 수 있다. 전달할 수 있는 정보의 해상도는 낮지만 인간의 뇌는 과거의 기억에서 해상도를 자동 보정한다. 문자 정보로 가득한 소설을 읽고 그 세계가 뇌에 묘사되는 것은 자동 보정 덕분이다. 결과적으로 문장은 모든 오감을 뇌에서 재현시킬 수 있다는 점에서 위대하다.

오감을 자극하는 말에도 여러 가지가 있다. 기본은 아래와 같다.

'어떤 광경인가?'
'어떤 소리가 나는가?'
'어떤 질감이며 단단함은 어느 정도인가?'

이렇듯 각각의 감각에 안테나를 세우고 어떤 정보가

들어오는지 상상하여 그것을 문장으로 쓰면 된다. 고기를 굽는 장면이라면 시각 정보는 고기에서 나오는 기름이나 피어오르는 연기, 같은 테이블에 앉은 사람의 웃는 얼굴일 것이다. 청각 정보는 고기가 구워지는 소리, 웃음소리, 식당에서 흘러나오는 경쾌한 배경 음악일 수 있다.

실제로 뇌에서 재현된 특정 상황과 오감이 받아들이는 정보 중에서 인상적인 점을 보충해 글을 쓰면, 그 장면 전체의 매력이 전해지는 문장으로 재탄생한다. 자세한 사항까지 전부 묘사할 필요는 없다. 앞서 말했듯이 뇌는 자동 보정할 수 있으니 독자의 과거 체험을 소환하는 말을 군데군데 사용해보자.

가장 간단한 방법은 반짝반짝, 푹신푹신, 보글보글, 와자지껄, 까칠까칠, 매끈매끈 등 의태어를 사용하는 것이다. 사람이나 사물의 모양이나 움직임을 생생하게 전달할 수 있는 단어를 문장 곳곳에 넣어보자. 이렇게만 해도 효과는 충분하다.

반대로 오감을 자극하는 말을 사용하지 않으면 독자의 뇌 속 디스플레이에는 아무것도 비치지 않는다. 깜깜한 화면인 상태여서 감정 체험을 전할 수 없다.

'○○에 갔습니다. 재미있었습니다.'

'○○을 보러 갔습니다. 재미있었습니다.'

'○○을 먹었습니다. 맛있었습니다.'

이런 글에 '좋아요' 숫자가 별로 올라가지 않는 이유는 독자가 그 광경을 떠올리지 못하기 때문이다.

물론 자신의 일상을 보고하기만 하는 글이어도 상관없다. 하지만 가능하면 '나도 오랜만에 고기나 먹으러 가야겠다' 하고 생각할 수 있도록 정보를 추가하는 것이 당신의 글을 읽어주는 사람에 대한 소소한 예의가 아닐까.

만약 물건을 판매하기 위한 문장이라면 고객의 마음을 흔들어야 하므로, 고객의 뇌 속 디스플레이에 그 상품을 구입한 후의 만족스러운 모습이 떠올라야 한다. 그렇지 않으면 고객은 그 상품을 사지 않는다.

기능성이나 경제적 합리성 등의 논리도 중요하지만 감정을 흔들지 않으면 사람은 움직이지 않는다(이에 대해서는 5장에서 더 설명하겠다).

나 역시 "상상해보세요"라는 말을 자주 사용하는데, 이것은 '당신의 뇌 속 디스플레이에 이런 모습을 비추어보십시오'라고 직접적으로 부탁하기 위한 문구이다. 이 한마디를 넣으면 그때까지 아무 생각 없이 문장을 읽던 사람도 뇌 속 영상 처리 장치와 디스플레이의 전원을 켠다.

반복해서 말하면 강요처럼 느껴지겠지만 이 방법을 사용하면 매우 효과적이니 꼭 활용해보기를 바란다.

밀었다가 당겼다가,
높였다가 낮췄다가

3초 안에 흥미를 끌지 못하면 끝입니다.
당신의 문장에 거친 파도를 만드세요.

화려한 할리우드 액션 영화를 보면 이야기의 흐름에 높낮이가 있다. 이야기의 형식 또한 대부분 정해져 있는데 보통 영화나 연극은 '3막'으로 구성되어 있다. 3막 구성은 '설정', '대립', '해결'로 이루어지며 각각의 비율은 1:2:1이다.

갑자기 소설 강좌 같은 분위기가 되어 놀랐을지도 모르겠다. 하지만 문장 쓰기 기술에서 꼭 필요한 내용이니 집중하기 바란다. 사람들의 흥미를 끄는 문장을 쓸 때는

3막 구성까지는 아니더라도 문장의 완급, 즉 높낮이를 의식하는 것이 중요하다.

예를 들어 상품을 판매하기 위한 글을 쓸 때 첫 문장을 어떻게 시작하면 좋을까? 우선 분위기를 조성해야 하니 긍정적인 이야기를 쓰면 좋다. 그러면 독자도 계속해서 읽고 싶어진다.

하지만 끊임없이 긍정적인 말만 이어지면 이야기가 단조로워지고 질리는 느낌이 들 뿐 아니라, 신빙성도 사라진다. 독자는 '뭐야, 계속 좋은 말만 하고. 믿을 만한 거야?'라고 생각한다.

그래서 현실적인 이야기도 군데군데 넣어 분위기를 조절한다. 만약 장사에 대한 이야기라면 가격을 얼마만큼 올렸다가 손님이 뚝 끊긴 실패담을 공개하거나, 거듭된 위기로 빚이 얼마나 늘었다는 등의 사실적인 이야기까지 들려주는 것이다.

장밋빛 미래를 원하는 독자는 일단 현실에 저항한다. 영화에서 예를 들자면, 주인공이 위기에 빠진 순간이다. 하지만 거기서부터 이야기를 가속화해 가격 이상의 가치를 얻을 수 있다고 독자가 느낄 때까지 이야기를 고조시키면 독자는 납득한다. 분위기를 끌어올렸다가 식히고, 식으면 다시 끌어올린다. 완급 조절이 문장을 재미있게 만드는 비결인 것이다.

상품을 판매할 때만 해당되는 이야기가 아니다. 나는 부하 직원을 지도할 때 '당근과 채찍'을 의식한다. 혼내야 할 때는 따끔하게 혼내고 칭찬할 때는 한없이 칭찬한다. 만약 내가 항상 좋은 면만 보였다면 부하 직원들이 나에게 칭찬받을 때 아무런 감동을 느끼지 않았을 것이다. 보상과 벌을 적절히 사용하면 사람은 성장한다.

연애에도 적용할 수 있다. 한없이 상대방의 이야기를 들어주고, 요구에 순응하다 보면 부작용이 생긴다. 반대로 늘 까칠하고 자기중심적으로 행동하다 보면 상대방은 멀어지고 만다. 그러니 때로는 유하게, 때로는 강하게, 상황에 따른 완급 조절이 필요한 것이다.

나에 대한 일대기를 쓴다고 가정해보자. 초반에는 내가 아무것도 아니었을 때의 이야기, 무언가에 막 도전하게 된 계기 등을 쓰는 것이 좋다. 그러면서 점차 새로운 기회를 만들고 가능성을 발견하게 된 경험을 늘어놓는다. 그 안에서 갖은 도전과 실패, 성공담을 적절히 섞는다. 갈등과 해결 구조가 있어야 사람들의 기억에 잘 남기 때문이다.

갑자기 문학 작품 같은 문장을 쓰기는 어렵지만 높낮이를 두는 것만이라도 의식해서 문장을 쓰면 사람들의 흥미를 끌 수 있다.

25

확, 눈길을 사로잡는
제목의 기술

성공률 100퍼센트, 제목 유형 8가지를 전수합니다.
#제목학원 #제목맛집 #썸네일전문
#베스트셀러제목분석

앞서 2장에서 '술술 읽히지 않는 벽'에 대한 이야기를 했다. 다시 한 번 말하지만 정보가 차고 넘치는 세상에서 내가 쓴 글이 누군가에게 선택받기란 쉽지 않다. 그래서 책이든 인터넷 기사든 독자의 주목을 조금이라도 끌기 위해 너도나도 '눈에 띄는 제목'을 달기 위해 애를 쓴다.

제목은 원래 본문에 쓰인 내용을 정확하게 요약한 것이다(이 본질은 지금도 변함이 없다). 거기에서 사람들의 흥미를 끄는 제목을 뽑아내는 것은 주로 카피라이터나 편집자의 역량이었다. 하지만 요즘처럼 글을 쓸 기회가 많아진 시대에는 일반인에게도 흥미로운 제목을 만드는 센스가 필요하다.

사람들의 흥미를 끌 수 있는 제목 유형을 몇 가지 소개하겠다. 글을 쓸 때 참고하기를 바란다.

① 인상적인 사례를 제목으로 사용한다

2005년 일본의 베스트셀러였던 야마다 신야의 《대나무 장대 장수는 왜 망하지 않을까?》처럼 콘텐츠에서 나오는 인상적인 사례를 그대로 제목으로 쓰는 유형이다. 본문의 내용을 요약한다는 기본 원칙을 무시한 변칙 기술이라고 할 수 있다. 사람들의 흥미를 끈다는 점에서는 매우 훌륭하지만 어떤 책인지 모르겠다는 단점도 있어서 다소 리스크가 있다(《대나무 장대 장수는 왜 망하지 않을까?》는 사실 회계학 책이다).

② 화제성 있는 말을 사용한다

세간의 주목을 받는 유행어를 문장 속 소재로 사용하고 제목에도 사용하는 유형이다. 패션이나 뷰티 관련 글을 쓸 때 'OO의 꾸안꾸 스타일 집중 탐구'라는 제목을 붙이면 주목을 모을 것이다. 단 기본적으로 화제성 있는 말은 유행이 짧다는 점에 유의하자.

③ 구체적인 숫자를 넣는다

어떤 효과를 알리고 싶은 경우, 구체적인 숫자가 들어가면 이미지가 잘 떠올라 사람들의 눈에 쉽게 인식된다. 기업 경영인이나 광고 담당자는 '매출이 오르는 최신 광고 전략'보다 '매출이 3배가 되는 최신 광고 전략'이라고 하는 쪽에 관심이 간다. 회사의 제안서 제목에서도 이 유형을 사용할 수 있다.

④ 쉽고 간단하다는 점을 어필한다

우리는 늘 최소한의 수고로 최대의 효과를 얻기를 원한다. 특히 방법을 전하는 콘텐츠의 경우, 제목에서부터 간단함을 어필할 수 있는가는 매우 중요하다. 실제로 다이어트 책의 베스트 순위를 보면 '세 끼만 제대로 먹어도 날씬해진다', '3분만 감으면 끝', '30일 만에 완성' 등 부담이 적다는 점을 강조한 책이 상위를 차지하는 것도 바로 이런 이치라 할 수 있다.

⑤ 의문형으로 만든다

제목에서 독자에게 질문하는 유형이다. 가령 이 책의 제목을 의문형으로 만든다면 '왜 일류인 사람들은 문장을 잘 쓸까?'라고 할 수 있겠다. 의문형으로 만들면 그 제목을 본 사람들은 순간적으로 머릿속에서 답을 찾는다. 그것만으로도 주의를 끌 수 있다. 인간은 누구나 머리를 굴려 생각하면서 답을 알고 싶어하기 때문이다.

⑥ 비교형으로 만든다

베스트셀러 《부자 아빠 가난한 아빠》가 이 유형에 해당한다. 전하고 싶은 것은 '부자 아빠'의 마음가짐이지만 비교 형태로 만들면 독자의 관심은 '양쪽의 차이는 뭘

까?'로 향한다. 이것은 문장을 이해하기 쉽게 설명하고자 할 때 사용하는 기술이다. 복잡한 이야기도 이원론적으로 단순화하면 독자의 심리적인 부담이 낮아진다.

⑦ 의외성을 만든다

세간의 상식과는 반대인 문구를 써서 관심을 끄는 방법이다. 의외의 내용을 쓰면 사람들은 '왜?', '어째서?'라고 이유를 궁금해한다. 아들러 심리학이 유행을 타게 된 계기인《미움 받을 용기》도 그 일종이다.

⑧ 대화체로 쓴다

마이클 샌델의《정의란 무엇인가》, 데일 도튼의《자네, 일은 재미있나?》처럼 제목을 대화체로 써서 시선을 끄는 유형도 있다.

26

읽는 사람 '성향'과
'니즈'에 맞춰
순서를 정한다

결정적인 순간 상대를 후킹하려면
결론을 어디에 배치하느냐가 관건이겠네요.

한 줄 한 줄을 잘 쓰는 것도 좋지만 글의 배치도 중요하다. 여기서는 순서에 대해 얘기해보려 한다.

나는 평소 상대가 알고 싶은 순서, 읽고 싶은 순서대로 썼는지 항상 체크하는 습관이 있다. 세상에는 의외의 구성을 가진 매력적인 글도 많기 때문에 지금 말하는 팁이 모든 문장에 해당하지는 않을 것이다, 하지만 '좋은 문장은 상대가 읽고 싶은 문장이다'라는 이 책의 기본 전제에서는 의미가 크다.

보통 비즈니스 문장에서는 '결론부터 먼저 써라'라고 한다. 속도감이 요구되는 환경에서는 '설명은 나중에 해도 되니까 결론부터 먼저 알고 싶다'는 사람이 압도적으로 많기 때문이다. 신문 기사에서 볼 수 있는 두괄식 구성(글의 첫머리에 중심 내용이 오고 뒤에서 보충하는 방식)과 동일하다.

　보고서를 받는 상사 입장이 되어보자. 첫머리를 보고 '아, 김대리가 보고서를 올린 목적(결론)이 이것이군' 하고 먼저 입력을 한다. 그런 다음 그 결론이 합당한지 뒤이어 전개되는 자료와 논리로 판단을 한다.

　밑도 끝도 없이 장황하게 자료만 먼저 늘어놓으면 상사는 '도대체 무슨 얘길 하려고 이러는 거야?' 하며 조바심이 나고 짜증이 날 수밖에 없다.

　반면 에세이 같은 경우에는 기본적으로 독자가 문장을 차근차근 읽는다는 전제가 있기 때문에 일부러 결론부터 쓸 필요가 없다. 앞부분에 이런저런 이야기를 하다가 마지막에 명쾌하게 결론을 내리는 방법도 있다. 에세이에는 별다른 결론 없이 자신의 감상이나 생각을 늘어놓는 경우도 많다.

여러 영화 리뷰를 올린다고 해보자. 액션, 로맨스, 호러 등 장르별로 분류하여 올릴 수도 있고, 단순하게 개봉 순서대로 배치할 수도 있다. 또는 관객 점유율이 높은, 그러니까 베스트셀러 순서대로 영화를 소개할 수도 있다. 이때도 글을 쓰는 목적이 있다면 순서는 타깃을 생각하여 정한다.

만약 타깃이 10대라면 10대들이 열광하는 배우가 출연하는 영화 혹은 요즘 10대들이 좋아하는 스토리로 각광받는 영화를 상단에 배치하여 그들의 주목을 끄는 것이 좋다.

자녀교육에 관한 글을 꾸준히 올려 이 분야에서 영향력을 행사하고 싶은 인플루언서가 있다고 해보자. 타깃은 아이 교육에 관심 있는 부모이다. 이런 경우 다짜고짜

팁부터 제시하는 건 효과가 떨어진다. 자녀 문제는 대단히 예민한 부분이다. 자칫 '내 아이가 문제가 있다는 얘기야?'라고 반발을 일으킬 수도 있고, '이런 행동이 문제가 되는 줄 몰랐는데?' 하고 전혀 인지조차 못 하고 있을 수도 있다.

그렇기 때문에 서두에서 적절히 공감을 일으키고 동기부여를 해준 뒤 솔루션을 제시하는 것이 낫다. 예를 들면 다음과 같은 순서가 될 것이다.

"요즘 아이들의 이런 행동 때문에 고민하는 부모님들이 많습니다."

"저도 우리 아이가 다섯 살 때 이 문제로 고생을 많이 했어요."

"그래서 다른 부모님들이 저처럼 고생하지 않았으면 하는 바람으로 작은 팁을 말씀드리려고 합니다."

"1. 아이가 이럴 땐 이렇게 해주는 게 좋아요."

"2. 이건 좋지 않은 행동이니 잡아주셔야 합니다."

어려운 것은 상품을 판매하고자 할 때이다. 여기에는 결론이 없다. 결론을 굳이 말하자면 '독자가 사고 싶은 마음이 드는 것'이겠지만 문장의 어느 부분에서 구매욕이 생길지는 사람마다 다르다. 그렇기 때문에 역으로 처음부터 마지막까지 결론이 될 수도 있다. 그러니 각각의 문장이 긴장감을 갖추고 있어야 한다.

어떤 '순서'로 쓰면 좋을지는 타깃층의 니즈나 상품 특성에 따라 다를 수밖에 없다. 절대적인 정답은 없다. 일단 타깃을 분석하면서 당신 나름대로 가설을 세우고 문장을 만들어나가는 수밖에 없다.

* '머릿속 독자'와 대화하면서 쓴다

예전에 전자 출판에 관심이 있다는 여성에게 상담을 해준 적이 있다. 듣자 하니 '자신의 경험을 전자책으로 정리하고 싶은데 글이 잘 써지지 않아 힘들다'는 내용이었다.

글을 잘 쓰지 못하는 사람들이 자주 하는 말이어서 "구체적으로 어떤 내용을 쓰고 싶은가요?"라고 물었더니 그녀는 주저 없이 술술 말을 이어갔다. 나는 그녀의 이야기를 들어본 후 "지금 당신이 한 말을 녹음한 후, 그대로 글자로 옮기면 원고 밑작업이 될 겁니다"라고 말했다.

이 사람처럼 글쓰기를 어려워하는 사람은 아주 많다. 그것을 모르는 바는 아니다. 하지만 단어 하나하나, 구절 하나하나 고민해야 하는 시조를 쓰는 게 아니라면 글쓰기를 너무 어렵게 생각할 필요가 없다. 문장으로 사람들에게 영향을 끼치고 싶거나 자신의 생각을 전하는 게 목적이라면 그냥 말하듯이 쓰면 된다.

최근에는 이러한 목적에 중점을 두고 구어체로 쓰인 책도 쉽게 볼 수 있다. 그러나 이때도 역시 예상 독자를 확실히 정해두어야 한다. 그렇지 않으면 뇌에서 대화 상대의 모습을 떠올릴 수 없다. 아무도 없는 세미나장에서 혼자 말한다고 생각해보라. 막막하고 난감하지 않을까? 그런 느낌인 것이다.

예상 독자의 모습을 명확히 정하면, 다음 단계로 뇌에서 그 사람과 일대일로 대화를 한다. 그 상대가 가질 만한 의문점이나 언급할 것 같은 반론도 그대로 문장으로 쓰면 된다. 이 책에서도 자주 사용하는 '~라고 생각하는 사람도 있을 것이다'라는 문장처럼 말이다.

문체는 나중에 얼마든지 조정할 수 있다. 일단 읽는 대상과 그에 맞는 내용이 정해지면 문장을 채운다. 쓴 글을 한 번 쭉 읽으면서 적절하지 않은 분위기는 수정하고, 더 어울리는 단어로 바꾼다. 이런 식으로 문체를 다듬어가면 된다.

지금은 스마트폰이나 컴퓨터의 음성 인식 기능이 발달해서 '원고를 쓸 때 녹취록을 푸는 것 중심으로 작업한다'는 동료들도 있다. 하지만 자유로운 대화 형식으로만 이루어져 있으면 화제가 집중되지 않으니 미리 진행 대본(챕터와 소제목)은 만들어놓는 것이 좋다.

5장

"내가 쓰는 글은 저절로 돈이 된다"

고급편: 행동하게 만드는 문장 쓰기

27

읽는 이를 설레게 하는
문장 쓰기

이성 대신 감정을,
실용성 대신 환상을 자극하세요

예전에 가전 매장에서 대형 TV를 찾고 있는데 한 판매원이 나에게 슬금슬금 다가오더니 이렇게 말했다. "이거, 40퍼센트 할인이에요." 그리고 빙긋 웃더니 또 슬금슬금 가버렸다. 정말 엉뚱하다고 생각했다.

'40퍼센트 세일'이라는 것은 숫자이지만 숫자가 아니다. 이것은 비율이라는 개념이다. 게다가 원래 가격을 모르기 때문에 가격이 저렴해졌다는 정보 이외에 나는 아무것도 전달받지 못했다.

사람은 이미지가 구체적으로 떠오르지 않으면 쉬이 마음이 움직이지 않는다. 만약 내가 TV를 광고하는 글을 쓴다면 다음과 같이 쓸 것이다.

"초고화질 TV를 정가 300만 원에서 180만 원으로 할인합니다. 40퍼센트 할인 대방출! 남은 120만 원으로 당신은 무엇을 하시겠습니까?"

여기에서 포인트는 마지막 문장이다. 이런 말을 들으면 자연스럽게 몇몇 이미지가 떠오른다. 120만 원이라는 돈이 떠오르고, 120만 원으로 살 수 있는 옷, 가방, 게임기 등이 떠올라 순간 행복해진다.

광고 문구를 생각할 때 꼭 기억할 점은 '구매자의 마음을 얼마나 동요시킬 수 있느냐'이다. 브랜드 자산 관리 분야의 권위자인 데이비드 아커는 구매자가 상품을 샀을 때 받는 이익을 세 가지로 분류했다.

★ 기능적 이익

★ 정서적 이익

★ 자기표현 이익

기능적 이익이란 '이것을 사면 일이 잘된다', '다이어트에 효과가 있다' 등 상품을 구입해서 얻을 수 있는 직접적인 이익을 말한다. 즉 소비자의 표면적 니즈(일의 효율을 높이고 싶다, 날씬해지고 싶다 등의 소망)를 충족시키는 것이다.

정서적 이익이란 그 상품을 구입했을 때 소비자가 얻을 수 있는 긍정적 감정(만족감이나 기쁨, 즐거움, 안심, 우월감, 쾌감 등)을 말한다. '일이 척척 잘되어 기분이 좋을 것 같다'거나 '사용한 사람이 적으니 자랑할 수 있을 것 같다'라는 감정이다.

마지막으로 자기표현 이익이란 '그 상품을 사면 내가 어떻게 될까?' 하는 셀프 이미지를 뜻한다. 예를 들어 '주위 사람들에게 잘나가는 남자로 보일 수 있어', '동경하는 사람과 만날지도 몰라' 식으로 생각하는 것이다.

이 세 가지 이익 중 마음을 동요시키는 것은 '정서적 이익'과 '자기표현 이익'이다. 자기표현 이익이 임팩트가 강하지만 마음을 동요시킨다는 의미에서는 같기 때문에 여기에서는 두 가지를 합쳐서 '감정적 이익'이라 하겠다.

가장 중시해야 하는 것은 상대가 감정적 이익을 느낄 수 있는 말이다. 기능적 이익을 아무리 나열해도 그것이 감정적 이익으로 변환되지 않으면 '사고 싶다', '하고 싶다'는 마음이 들지 않는다. '더 저렴하다'는 것을 표현하는 '40퍼센트 할인'이라는 말은 사용해도 되지만 그 말만 단독으로 쓰면 기능적 이익(=싸다)조차 떠올릴 수 없다. 그래서 원래는 보조적으로 사용해야 한다.

POP를 보다 보면 가끔 정보가 담기지 않은 경우가 있다. POP에는 광고 문구를 구체적으로 써서 기능적 이익을 확실히 전하는 것이 기본이다. 그리고 여기에 감정적 이익을 자극하는 문구를 살짝 덧붙이는 것이 좋다. 예를 들어 다음과 같은 식이다.

Before

"캔맥주 반값!" → 기능적 이익조차 없음(×)

"4000원이던 캔맥주가 하나에 2000원!" → 기능적 이익만 있음(△)

부족하다. 감정적 이익을 추가해보자.

After

"4000원이던 캔맥주가 하나에 2000원! 가격에 구애받지 않고 마음껏 마실 수 있어요!" → 기능적 이익＋감정적 이익 모두 충족(○)

작은 차이지만 읽는 사람의 느낌은 완전히 다르다. 감정적 이익은 아주 중요한 이야기라서 조금 더 보충하겠다. 예를 들어 몸을 키우려는 사람이 다음 두 가지 헬스클럽 이벤트 문구를 봤다고 해보자.

A) "가입비 10만 원 무료!"

B) "10만 원 상당의 프로틴 10개 증정!"

A와 B 중 어떤 문구에 사람들의 마음이 더 움직일까? '가입비 10만 원 무료!'라고 하면 근육이 불끈불끈한 이미지와 관계가 없어 보이기 때문에 기능적 이익으로 끝나기 쉽다. 그런데 '10만 원 상당의 프로틴 10개 증정!'이라고 하면 프로틴을 먹고 몸이 좋아지는 모습을 상상할 수 있으니 기능적 이익을 충족시키면서 감정적 이익도 느낄 수 있다.

기능적 이익은 상품 규격이나 특징에 가까운 이야기이므로 간단히 문장화할 수 있다. 그러나 감정적 이익은 '읽는 사람이 어느 부분에서 기분이 고양되고, 어떤 상태를 목표로 하는가?'까지 읽어내야 하기 때문에 예상 독자를 면밀히 파악하는 것이 중요하다.

Why와 What에
80퍼센트를 투입한다

'내가 불편하구나', '이게 필요한 상황이구나'
독자의 니즈를 환기시키는 데 초집중할 것.

감정적 이익을 자극하지 않으면 사람은 잘 움직이지 않는다. 이 이야기는 마케팅 업계에서 상식으로 통한다. 그럼에도 불구하고 세상의 수많은 영업 자료나 웹사이트는 상품 설명(기능적 이익)부터 하려고 한다. 상품이 복합기라면 '업계 최고 수준의 출력 속도입니다'를 먼저 내세우는 것이다.

　기능적 이익은 광범위한 타깃에게 통한다. 전단지나 웹사이트처럼 불특정 다수의 사람들이 읽는 경우라면 어쩔 수 없는 부분이 있을 것이다. 하지만 얼굴을 마주하는 영업에서도 상품 설명부터 시작하는 영업사원이 여전히 많다.

예전에 한 영업 세미나에서 배운 내용이다. 사람의 마음을 움직이려면 Why(왜)와 What(무엇)을 설명하는 데 노력의 80퍼센트를 할애하라고 했다.

'A상품의 이런이런 스펙이 좋아서'라는 이유로 다짜고짜 물건을 사는 사람은 많지 않다. 그보다는 '마침 고장이 나서 새로 사야 하니까', '없던 물건인데 필요해져서' 사는 식이다.

신형 아이폰을 산 구매자가 있다. 그 사람은 사실상 '새로 나온 아이폰의 HDD 용량이 2배로 커졌으니 산다'가 아니었을 것이다. 그 앞단에 이런 과정이 있었다. "아이 사진을 많이 찍고 싶은데 지금 쓰는 스마트폰 저장 용량이 꽉 차서 더는 찍을 수가 없어요. 뭔가를 사야겠어요."

'사진 저장 용량이 부족해서(Why)'와 '무언가를 사야 겠다(What)'는 동기가 먼저 있었다. 신형 아이폰이라는 해결책(How)은 그 뒤에 생긴 것이다.

하지만 어떤 사람은 자신의 니즈를 정확히 모르기도 한다. 그래서 Why와 What에 이야기의 초점을 맞추어 니즈를 '환기'시키는 것, 즉 깨닫게 하는 것이 우선이다. '이야기를 듣고 보니 내가 그런 불만이 있었네', '아아, 그런 불편이 있었구나' 하는 생각이 들게끔 유도해야 한다.

니즈를 환기시킬 때는 감정적 이익을 자극하면 좋다. 니즈만 환기되면 상대는 '그럼 어떻게 하면 될까?', '어떤 상품(해결책)이 있을까?' 하고 흥미를 갖게 된다. 아마도 상품 사이트에 직접 접속해서 관련 상품 라인업을 체크 하거나 구매 순서를 조사할 것이다.

하지만 Why나 What을 설명했을 때 다음 스텝인 'How'의 이미지가 뚜렷하게 떠오르지 않으면 그저 니즈를 환기시키는 것에서 끝나버린다. 그래서 독자가 적극적으로 니즈를 충족시키고 싶은 마음이 들게 하려면 'How(구체적인 방법)'를 20퍼센트 정도 언급해주는 것이 가장 좋다. Why와 What이 80퍼센트, How가 20퍼센트이다.

그러고 보면 최근 경제경영서나 자기계발서에서 책의 머리말이나 1장을 무료로 공개하는 경우가 늘어났다. 유료 콘텐츠를 공개해도 괜찮을까 싶지만 독자의 니즈 환기라는 관점에서 보면 아주 합리적인 프로모션이다. 대부분의 책은 앞부분에 Why와 What에 대한 이야기가 쓰여 있다. 이 책도 그렇다.

왜 이런 구성이 많을까? 니즈를 환기시키지 않고 갑자기 How를 나열해버리면 상품 가치를 제대로 전하지 못하기 때문이다. 자격증 수험서나 다이어트 책처럼 예상 독자의 목적이 명확하면 곧바로 How부터 들어가도 괜찮다. 하지만 경제경영서나 자기계발서는 '좀 흥미롭기도 하고 배우면 좋은 점이 있을 것 같지만 별로 긴급하지 않은 주제'가 대부분을 차지한다. 문장 쓰기 기술도 그렇다.

그러므로 저자도, 편집자도 필사적으로 '아니야, 상당히 긴급해'라고 어필해야 한다. 그렇게 어필한 문장을 많은 사람들이 읽는 것이 프로모션 측면에서도 훨씬 더 좋다.

29

일하는 시간,
개인적인 시간,
휴식하는 시간,
세 파트로 공략한다

하나도 놓치지 않을 거예요.
고객의 24시간을 모~두 공략하는 기술.

영업 테크닉에 관한 책을 쓸 때나 영업 관련 강의를 할 때, 서두에서 나는 이런 이야기를 자주 한다.

"여러분은 영업을 마스터하면 실적이 올라서 연봉이 높아지는 걸 꿈꾸지요? 그런데 장점은 그것만이 아닙니다. 영업을 마스터하면 소통 능력도 좋아져서 인맥이 넓어집니다. 이성에게도 인기가 높아지고 가족과의 관계도 좋아집니다. 게다가 영업을 마스터하면 최단 시간에 결과가 나오기 때문에 제시간에 퇴근해서 푹 쉴 수도 있습니다."

이런 얘기로 강연을 시작하면 참석자들의 집중력이 엄청나게 높아지는 것이 느껴진다. 이처럼 버튼 하나만 누르면 인생이 잘 풀릴 것 같은 이미지를 주는 문장, 그것이 바로 '사람을 움직이는 문장'이다.

앞서 감정적 이익과 Why가 중요하다는 얘기를 했다. 그 부분을 전할 때 내가 의식한 한 가지가 있다. 삶은 세 부분으로 나뉜다는 사실이다. 단순하게 나누면 우리는 하루에 8시간 일하고, 8시간 개인적인 시간을 보내고, 8시간 휴식을 취한다. 사람마다 비중이 다르지만 기본적으로는 이렇다. 그러므로 최대한 많은 독자들의 마음에 꽂히는 문장을 쓰기 위해서는 이 세 부분을 전부 포함시켜야 한다.

예를 들어서 다이어트 기구의 소개글을 쓴다고 가정해보자. 맨 먼저 머릿속에 떠오르는 장점을 나열해보면 다음과 같다.

Before

★ 날씬해지면 예쁜 옷을 마음껏 입을 수 있다.

★ 체중이 감소하면 성인병 예방에 좋다.

★ 이성에게 인기도 많아진다.

모두 개인적인 내용이다. 그런데 여기에서 더 나아가 하루 세 부분(일, 개인, 휴식)의 개념을 더해서 상상력을 넓히면 다음과 같은 장점이 보인다.

After

★ 다이어트에 성공하면 자기관리를 잘하는 사람으로 보인다(일).

★ 출근 전에 사용하면 혈류가 좋아져 일의 성과가 높아진다(일).

★ 잠자기 전에 사용하면 숙면을 취할 수 있다(휴식).

이렇게 하면 각각에 부수되는 이익을 구체적으로 떠올릴 수 있다.

사람에 따라서는 일, 개인적인 시간, 휴식의 세 가지 중에서도 굉장히 좁은 영역에 가치를 두는 사람도 있다.

얼마 전, 어떤 경영자에게 "창업한 이유가 무엇인가요?" 라고 물었더니 뜻밖의 답이 돌아왔다. "어느 창업가의 책에 점심때부터 맥주를 마실 수 있다고 쓰여 있더라고요." 창업에 관심이 있던 그는 관련 주제의 책을 많이 읽었다. 하지만 어떤 책을 읽어도 '창업은 힘들다'는 단점을 덮을 수 있는 장점을 찾지 못했다고 한다. 그런데 어쩌다 집어 든 책에서 "점심시간에 맥주"라고 쓰인 문장을 접했다. 술을 좋아했던 그는 점심시간에 테라스에서 맥주를 마시는 모습을 떠올렸고, 창업에 뛰어들 수 있었다.

'그렇게 사소한 부분까지 어떻게 파악하고 쓰라는 말이야?'라는 볼멘소리가 나올 수도 있다. 하지만 타깃 독자가 어디에 가치를 두는지 모르기 때문에 감정적 이익에 대해서는 최대한 범위를 넓게 잡는 것이 좋다. 일하는 시간, 개인적인 시간, 휴식하는 시간, 세 파트를 염두에 두고 이를 체크리스트처럼 사용하면 효과적이다.

핵심 고객의
Can not을 생각하고
Want를 상상한다

'할 수 없는 것'을 '할 수 있다'고 믿게 만드는 게
마케팅의 기본 아닐까요?

이번 고급편에서는 감정적 이익이나 Why
라는 큰 이야기부터 시작했다. 하지만 예상 독자의 범위
를 좁혀나가는 과정에서 그들의 니즈를 파악하지 못하
면 상품을 팔지도 못하고 사람들의 행동을 유도할 수도
없다.

그럼 고객의 니즈는 어떻게 상상할 수 있을까? 언뜻
생각하면 어려울 것 같지만 간단한 방법이 하나 있다.
바로 예상 독자, 즉 타깃이 할 수 없는 일(Can not)과

하고 싶은 일(Want)을 생각해보는 것이다. '할 수 없는 일(Can not)'을 알려면 타깃에 대해 자세히 알아야 한다는 이야기는 앞서 언급했다. '하고 싶은 일'은 니즈를 말하며, '하고 싶은 일을 해결하는 것'이 광고 문구이다.

> **\<Can not\>** 할 수 없는 일
>
> **\<Want\>** 하고 싶은 일
>
> **\<광고 문구\>** 하고 싶은 일을 해결하는 것

노동법 개혁의 영향으로 정시 퇴근이 가능해진 회사원을 타깃으로 삼아보자. 그는 퇴근 후 여가 시간을 부수입을 얻는 데 쓰고 싶어한다. 당신이 부업 강좌를 여는 사업가라고 했을 때의 Can not과 Want, 그리고 광고 문구의 예를 들어보겠다.

> **\<Can not\>** 수입이 늘지 않는다.
>
> **\<Want\>** 부업으로 수입을 늘리고 싶다.
>
> **\<광고 문구\>** 오후 5시 이후 직장인 대상 부업

강좌 오픈! 부업을 시작하면 단번에 수입 증가!

<Can not> 일의 성과와 수입의 성과가 비례하지 않는다.

<Want> 노력과 성과가 비례했으면 좋겠다.

<광고 문구> 열심히 노력한 만큼 돈을 버는 부업이 있습니다!

<Can not> 평일에는 여행을 갈 수 없다.

<Want> 평일에 여행을 가고 싶다.

<광고 문구> 독립을 하면 평일에 여행을 갈 수 있습니다!

<Can not> 독학으로 부업 공부를 할 수 없다.

<Want> 동료와 부업 공부를 하고 싶다.

<광고 문구> 수강생끼리 서로 격려하면서 공부합니다!

\<Can not\> 창업이나 부업에 대해 상담할 사람이 없다.

\<Want\> 전문가에게 상담받고 싶다.

\<광고 문구\> 10년 경력, 부업 전문가의 상담을 받아보세요!

이렇듯 예상 독자에 대해 자세히 알고 있으면 타깃이 동요하는 광고 문구를 이끌어내기 어렵지 않다. 사람의 니즈란 기본적으로 '욕구'이기 때문에 끝이 없다고 생각할 수 있지만, 알고 보면 의외로 개수가 한정되어 있다. 이어서 니즈에 관해 떠오르는 내용들을 정리해보았으니 참고가 되면 좋겠다.

인간의 주요 욕구

☑ 이익을 얻고 싶다(손해 보기 싫다).

☑ 불안을 없애고 싶다.

☑ 스트레스를 해소하고 싶다.

☑ 편하게 하고 싶다.

☑ 기분이 좋아졌으면 좋겠다.

☑ 쾌적했으면 좋겠다.

☑ 시간을 단축하고 싶다.

☑ 낭비를 줄이고 싶다.   ☑ 놀고 싶다.

☑ 고통에서 해방되고 싶다.

☑ 남들보다 우월하고 싶다.

☑ 성장하고 싶다.

☑ 친구가 되고 싶다.   ☑ 인정받고 싶다.

☑ 자극이 필요하다.   ☑ 젊어지고 싶다.

☑ 예뻐지고 싶다(잘생겨지고 싶다).

☑ 목표를 달성하고 싶다.

☑ 맛있는 음식을 먹고 싶다.

☑ 좋은 것을 갖고 싶다.

☑ 지위나 명성을 얻고 싶다.

☑ 권력을 얻고 싶다.   ☑ 자유로워지고 싶다.

☑ 건강해지고 싶다.   ☑ 힐링하고 싶다.

☑ 이성에게 관심을 받고 싶다.

☑ 사랑받고 싶다.

31

'거절하는 이유'를
먼저 언급해
"NO"를 차단한다

고객이 '왜 망설이는지'를 면밀히 파악해
이유와 변명을 사전에 제거하는 전략입니다.

문장의 최대 약점은 상대의 반응에 따라 바꿔 쓸 수 없다는 점이다. 이미 문장은 쓰여 있기 때문이다. 그래서 단번에 "Yes"라는 말을 듣도록 해야 한다.

앞에서 감정적 이익에 호소하는 것이 중요하다고 했는데, 그것만으로는 부족한 경우가 많다. 그럴 때는 독자가 행동하지 않는 이유, 즉 '거절하는 이유'를 먼저 언급하여 차단한다.

사람이 행동하지 않는 이유는 어느 정도 정해져 있다.

- ★ 경제적 장점이 명확하지 않다.
- ★ 경쟁 상품과의 차이가 불분명하다.
- ★ 시간, 시기, 타이밍이 맞지 않다.
- ★ 가족, 친구가 반대 의견을 낸다.
- ★ 개인이나 회사, 상품 등에 대해 신뢰가 없다.
- ★ 실적, 평판, 성과가 불분명하다.

이런 이유들을 최대한 없애야 한다. 독자가 상품을 선택하기 전에 느낄 불안이나 리스크를 먼저 언급하여 해소하는 것이다. 여기서는 앞의 네 가지에 대해 언급하고 남은 두 가지에 대해서는 다음 장에서 설명하겠다.

① 경제적 장점이 명확하지 않다

돈에 대한 불안은 가장 큰 문제다. 최근에는 거의 모든 웹사이트에서 '처음 한 달 무료'를 제공한다. 그러면 사람들은 '한 달 무료니 일단 한번 사용해볼까?' 하고 가입을 하게 된다. 값비싼 상품인 경우 '효과가 없으면 환불해드립니다'라며 대놓고 유혹하기도 한다. 피자 업체에서 '30분 이내에 도착하지 않으면 피자 한 판 무료 쿠폰 증정'과 같은 제도를 시행하는 것도 마찬가지이다.

하지만 이것은 단순한 리스크 전환이 아니라 자신감의 표명이다. 즉 '당사에서는 30분 이내에 도착하는 시스템이 있으니 안심하세요'라는 뉘앙스가 전달되기 때문에 사람들이 구입하는 것이다.

돈에 대한 리스크 전환을 활용할 때 자신감이 없어 보이면 신용도에도 영향을 끼친다. 상품 효과에 절대적으로 자신이 있거나 고객이 사용한 후 상품의 가치를 알아봐줄 거란 확신이 있다면 리스크 전환을 충분히 활용하는 것이 좋다.

② 경쟁 상품과의 차이가 불분명하다

어떤 상품이라도 소비자에게는 대부분 대체품이 있다. 그래서 '그것 말고 이것을 사야 한다'라고 고객이 납득할 만큼 확실한 우위성, 장점 등이 어필되어야 물건이 팔린다.

시중에 많은 청정기 제품이 있다. TV 광고도 많이 하고 디자인도 예쁜 고가의 대기업 제품과 다소 투박해 보이지만 가격이 저렴한 중소기업 제품을 놓고 고민한 적이 있었다. 그때 판매원이 다가오더니 말을 건넸다. "두 제품의 생산공장은 같은 곳입니다. 외관만 다르고 내부 부품은 똑같다고 생각하시면 됩니다. 그래서 사실 중소기업 제품이 가성비가 매우 뛰어납니다." 그 말을 듣자 제품에 대한 신뢰가 생겼고 '가성비'라는 압도적인 우위성을 발견한 나는 중소기업 제품을 선택했다.

③ 시간, 시기, 타이밍이 맞지 않다

"흥미는 있지만 지금은 아니에요"라는 경우도 많다. 그렇다면 물건인 경우 예약 후 무료로 취소 신청을 받는다거나, 서비스인 경우에는 현재 이벤트 가격으로 신청을 받고 서비스는 3개월 후에 받아도 된다는 등의 방법을 고안할 수 있다.

저녁에 열리는 와인 이벤트가 있다고 해보자. 혹시나 업무가 늦어져 제때 참여하지 못할까 고민하는 사람들을 위해 '중간 참여 가능'이라고 한 줄만 써놔도 고객의 불안은 해소된다.

"일단 구입 예약하세요. 2주 내 무료 취소 가능."

"크리스마스 와인 파티에 초대합니다. 중간 참석 가능."

④ 가족, 친구의 반대 의견이 있다

주위의 반대는 의사 결정에 지대한 영향을 미치기 때문에 최대한 없애야 한다. 예를 들어 어린이용 교재를 판매할 때 기본적인 타깃은 엄마이다. 하지만 구입하려고 마음먹고 남편과 상의했는데 "그런 걸 왜 사? 얼마나 효과가 있다고?"라고 반대하는 일이 있을 수 있다.

거기까지 예상할 수 있다면 따지기 좋아하는 남편도 납득할 수 있는 숫자와 근거 데이터를 자료로 준비하여 제공하자. 아내가 협상에 유리하도록 협조할 필요가 있다.

32

사용자 후기,
숫자와 데이터 등
확실한 근거를 제시한다

실적, 성과, 품질 등에 대해
'특별한 믿음'을 주어야 할 때
이 방법을 사용합니다.

앞에서 타깃이 행동하지 않는 여섯 가지 이유를 언급했다. 여기서는 남은 두 가지를 이어가겠다.

* 개인이나 회사, 상품 등에 대해 신뢰가 없다.
* 실적, 평판, 성과가 불분명하다.

이 두 가지의 공통점은 독자가 납득할 수 있는 근거를 확실히 제시해야 한다는 점이다. 어느 정도 방법이 정해져 있다. 아래와 같은 요소를 문장에 반영하면 된다.

* 사용자 의견
* 제3자에 의한 보증
* 숫자와 데이터

① 사용자 후기

댄 케네디라는 미국의 유명한 마케터가 남긴 전설적
일화가 있다. 그가 어떤 상품을 인터넷 랜딩 페이지(검색
엔진, 광고 등을 경유하여 접속하는 유저가 최초로 보게 되는 웹
페이지)에서 팔려고 했는데 하나도 팔리지 않았다. 그때
그는 자신이 하고 싶은 말을 100퍼센트 다 썼다고 한다.
장점도 쓰고 이익도 쓰고 Q&A도 썼다. 하지만 전혀 팔
리지 않았다.

그래서 시험 삼아 고객 의견을 50퍼센트 넣어보았다.
그러자 매출이 단숨에 올랐고, 그다음에 랜딩 페이지를
100퍼센트 고객 의견으로 채웠더니 매출이 무려 배가
되었다고 한다.

물론 이 방법이 모든 상품에 해당하지는 않는다. 하지

만 구입하기까지의 의사 결정 과정에서 '앞서 구입한 사람의 경험담'은 대단히 설득력 있는 자료가 된다. 당신 역시 인터넷 쇼핑몰에서 어떤 물건을 살 때 사용자 후기를 판단 근거로 삼지 않는가? 당연히 고객의 의견은 많을수록 좋으니 여러 가지를 준비해두도록 하자.

② 제3자에 의한 보증

보증을 하는 방법은 다양하다. 예를 들어 침구에 '올림픽 메달리스트 애용'이라고 쓰여 있으면 '우와' 하고 감탄하고, 책표지에도 '○○○ 추천'이라고 되어 있으면 '굉장한 책이구나' 하고 생각한다. 과학적인 근거가 필요한 건강 분야 상품이라면 현역 의사의 코멘트로 인상이 달라진다. 독자에게 어떤 교훈을 전하고자 할 경우에도 성공자의 사례를 사용하면 설득력이 높아진다.

Before

오늘 무엇을 하느냐에 따라 우리의 미래가 결정된다. (×)

After

마하트마 간디 역시 "미래는 현재 우리가 무엇
을 하는가에 달려 있다"라고 말했다. (○)

③ 숫자와 데이터

흔한 경우는 아니다. 그러나 근거가 될 만한 데이터를
제시하라고 요구하는 사람이 간혹 있다. 물론 학술 논문
이 아니기 때문에 매번 데이터를 제시할 필요는 없다. 하
지만 상품이나 서비스의 성격상 숫자와 같은 근거가 필
요할 거란 생각이 들면 통계 데이터를 미리미리 찾아두
는 습관을 갖는 것이 좋다.

최후의 수단
'Yes 세트'와
'테스트 클로징'을
전수합니다

변호사가 쓰는 협상의 기술!
기어코 "Yes"를 말하게 만드는 금단의 테크닉.

상사에게 결재를 받을 때, 생일에 비싼 가방을 사달라고 조를 때, 상대가 Yes라고 대답하면 얼마나 좋을까? 그럴 때 내가 항상 사용하는 방법이 'Yes 세트'와 '테스트 클로징'이라는 협상 기술이다.

Yes 세트란 상대가 Yes라고 답할 것 같은 질문을 여러 번 하고 나서, 최종적으로 Yes라는 답을 듣고 싶은 질문을 던졌을 때 No라고 하기 어려운 상황을 만드는 방법이다. 예를 들어 친구에게 자원봉사를 하러 가자고 권할 때 사용한다면 이런 느낌이다.

"이 사회에 도움이 된다는 건 좋은 일이지?"

"그럼."

"앞으로도 사람들이 서로 돕고 사는 세상이 되면 좋겠어."

"그러게."

"어차피 우리는 쉬는 날도 스마트폰 붙잡고 있잖아."

"그렇긴 해."

"그런 의미에서 다음 주 일요일 뭐해?"

"별일 없는데."

"자원봉사 갈래?"

여기에서 No라고 딱 잘라 말할 수 있는 사람은 많지 않다. 사회 공헌의 가치를 인정했고 시간도 있다고 말했기 때문이다.

이렇게 Yes 세트는 설득하려는 상대의 변명을 먼저 차단하고 밑밥을 깔아두려는 목적으로 자주 사용된다. 변호사가 재판에서 사용하는 고전적인 수법이기도 하다.

만약 책이나 블로그처럼 일방적으로 소통하는 글에서 사용한다면 문장 앞부분에서 '사회 공헌은 중요하지 않습니까?'라고 독자에게 묻는 형태로 시작하면 된다. 그리고 독자가 머릿속으로 Yes라고 답하는 모습을 떠올리면서 다음 이야기를 전개해나가는 것이다.

그렇다면 테스트 클로징은 무엇일까? 'Yes or No?'를 최종적으로 묻는 질문 앞에 하는 실험적인 질문을 말한다. Yes 세트도 테스트 클로징의 한 가지 수단이다.

테스트 클로징의 장점은 두 가지이다. 하나는 Yes 세트처럼 마지막 질문을 위해 서서히 분위기를 조성할 수 있다는 점이고, 또 하나는 기대하는 답이 돌아오지 않았다 해도 궤도를 수정할 여지가 있다는 사실이다. 마지막 질문에서 확실히 No라는 답을 듣는다면 거기에서 의견을 바꾸기란 쉽지 않다. 테스트 클로징을 기억하면 '낮은 위험, 높은 보상'으로 협상이 진행되기 때문에 상대를 설득하려는 문장에서 자주 사용한다.

아이가 장난감을 사달라고 조르는 장면을 생각해보자. 어렸을 때를 떠올려보라. 장난감을 사달라는 작전이 실패하는 이유는 대부분 "아빠! 나 이거 사줘!" 하고 당돌하게 요구하기 때문이다. 밑밥을 깔아두지 않았는데 파이널 클로징을 하니까 아빠는 "돈 없어", "엄마한테 물어봐", "성적이 오르면 사줄게" 등의 변명을 하게 된다.

이때 도움이 되는 방법이 바로 테스트 클로징이다. 평소에 "만약 오늘이 크리스마스라면 뭐 사줄 거야?", "이번 시험에서 점수 잘 받으면 사줄 거야?"라는 질문을 미리 해두면 '그때 그렇게 말했으니까 어쩔 수 없이 사야 하는 상황'을 만들 수 있다.

테스트 클로징은 변명을 먼저 차단하는 것이 목적이기 때문에 '만약'으로 시작하는 질문이 많다. "만약 복권에 당첨되면 무엇을 하고 싶나요?" 같은 것도 전형적인 테스트 클로징이다. "크루즈 세계 일주를 하고 싶습니다"라는 답이 나왔다면 "그 꿈이 꿈으로만 끝나도 후회하지 않겠습니까?", "그 꿈을 실현하기 위해 무엇을 하고 있습니까?", "그 꿈을 실현하는 방법이 있다면 알고 싶나요?"라는 느낌으로 이야기를 이어나가다가 최종적으로 "이 ○○○을 구입하시겠습니까?"라는 파이널 클로징으로 마무리하는 것이다.

* 고수의 문장을 흉내 낸다

어떤 일을 빨리 습득하고 싶다면 그 분야에서 이름을 널리 알린 고수의 문하생으로 들어가는 방법이 가장 효율적이다. 하지만 문하생이 된다는 것은 현실적으로 쉽지 않다. 직접 고수의 밑에 들어가서 배울 수 없다면, 다른 방법은 없을까?

흉내를 내면 된다. 소설가 지망생이라면 자신이 존경하는 작가의 작품을 필사하는 것(한 글자 한 구절 따라 쓰는 것)이 가장 좋은 연습이라고 한다.

그렇게 보면 요즘 시대는 장점이 정말 많다. 인터넷이 있어서 고수가 쓴 문장을 얼마든지 무료로 읽을 수 있기 때문이다. 그러니 자신의 목적에 맞는 고수의 글을 찾아 계속해서 연구해보자.

한 가지 주의할 점은 누군가의 문장을 참고로 할 때, 문구나 단어를 흉내 내는 것만으로 만족해서는 안 된다는 것이다. 고수가 자주 쓰는 멋있는 말을 기억했다거나 고수와 비슷한 문장을 쓸 수 있다고 해서 그 글이 좋다는 뜻은 아니다. 오히려 남의 옷을 입은 것 같은 어색한 느낌이 들 수도 있다.

예상 독자나 문장의 목적이 다르면 아무리 천재 마케터가 쓴 문구를 그대로 흉내 냈다고 해도 아무 효과가 없을 수도 있다. 예를 들어 노화 방지 화장품의 광고 메일에서 좋은 문구를 발견했다고 해서, 그것을 젊은 여성용 화장품의 광고 메일에 활용한다면 이상할 것이다.

이런 실수는 특히 남성들이 많이 한다. 예전에 가구점에 갔을 때 판매원으로부터 들은 얘기가 있다. 여성 고객은 방의 전체적인 조화를 생각하면서 가구를 보는데, 남성 고객은 가구 자체의 좋고 나쁨을 따지는 경향이 강하다고 한다. 남성에게 숲을 보는 눈이 없다는 뜻이 아니라 '전체적인 조화를 보는 능력'에 있어서는 여성이 좀 더 뛰어나다는 얘기이다.

글에서도 중요한 점은 '전체적인 조화를 통해 독자가 무엇을 느낄까?' 하는 것이다. 그래서 고수가 쓴 글을 연구할 때 다음과 같은 특징을 유념하는 것이 좋다.

* 제목을 붙이는 법
* 이야기의 순서
* 완급 조절 또는 높낮이를 두는 방법
* 사용하는 사례

뿐만 아니다. 사용 폰트나 화면(지면)의 레이아웃, 여백을 두는 법, 사용된 그림 이미지까지 전부를 보는 것이 좋다. 그러면서 '왜 이 문장을 좋은 문장이라고 느꼈는가?', '왜 이 문장은 사람들을 움직이는 힘이 있을까?', '왜 이 문장은 사람들의 공감을 받을까?' 이런 점들도 생각해보자. 이것이야말로 진정한 의미의 연구라 할 수 있다.

특히 어떤 문장을 읽고 자신의 감정에 변화가 생겼다면 그것은 큰 기회이다. '정말 좋은 문장이었어!'라며 감탄만 하지 말고 그 문장의 어느 부분이 당신의 마음을 움직였는지 이유를 꼭 찾아보자. 그런 본질적인 요인을 발견했을 때 비로소 문장의 '형태'가 생기는 것이다.

목적과 타깃이 있는 글쓰기,
내가 배운 것처럼 당신도 배울 수 있습니다

당신이 이 책을 덮은 후 핵심 독자 입장에서 문장을 쓰기 시작하면 많은 것이 달라질 것이다. 회사 일이나 개인적인 일, 모두 이전보다 훨씬 더 잘 풀릴 거라 나는 확신한다. 그러니 당신도 믿고, 이 책의 해법을 따라주길 바란다. 그러면 이 책의 목적 중 절반은 달성했다고 할 수 있다.

그렇다면 남은 절반은 무엇일까? 당신이 '쓰고 싶다'고 생각하는 것이다. 더 정확히 말하면 실제로 글을 쓰는 것이다. 이해하는 것과 실제로 행동하는 것은 다르다. 그러니 진짜로 글을 써서 이 책에서 배운 내용을 몸소 실천했으면 좋겠다.

그런 의미에서 평소에 문장을 쓸 기회가 별로 없는 사람에게 권하는 연습법을 소개하겠다. 좋아하는 아티스트, 좋아하는 책, 좋아하는 음식, 좋아하는 브랜드, 뭐든 상관없으니 당신이 좋아하는 것에 대해 써보자.

    ★ 왜 좋아하는가?
    ★ 그것을 가졌을 때, 만났을 때, 읽을 때, 먹을 때 어떤 기분이 드는가?

이렇게 자신의 내면에 초점을 맞추어 최대한 솔직하게 써보는 거다. 글자 수니 문법이니 아무것도 신경 쓰지 않아도 된다.

실제로 몇 문장을 써보고 '어, 의외로 잘 써지네?'라고 생각하면 자신의 SNS에 올려본다. 처음에는 사진으로 공감을 얻을 수 있는 인스타그램이 접근하기가 좋다. 검색하기 쉽도록 해시태그를 덧붙이면 같은 생각을 가진 사람들의 눈에 들어 '좋아요' 숫자가 올라갈 것이다. 어쩌면 생각지 못한 반향을 불러일으켜 당신의 글이 점점 퍼지고 감동을 받았다는 메시지가 올지도 모른다.

갑자기 SNS를 시작하기가 부담스럽다면 리뷰를 남기는 방법도 좋다. 예를 들어 최근 구입한 가전제품에 대해 리뷰를 써보면 어떨까? 자신이 쓴 코멘트에 '참고가 되었습니다'라는 평가가 붙으면, 그런 것 하나하나가 분명 자신감을 북돋는다.

예상 독자, 핵심 타깃을 떠올리면서 쓸 수 있으면 이상적이겠지만 처음 시작하는 단계에서는 이르다. 일단은 자신의 생각을 언어로 표현하는 것이 중요하다. 그러면 '사람들의 공감을 얻는 문장을 쓴다는 것이 이런 것이구나' 하고 차차 실감할 수 있다.

수없이 말했지만 이 책에서 말하는 문장 쓰기 기술은 자기만족을 위한 것도, 문학적 성취를 위한 것도 아니다. 명확한 목적이 있고, 읽어주었으면 하는 독자가 있는 글쓰기다. 그런만큼 이 책에서 제시하는 초급편, 중급편, 고급편 기술은 대단히 실용적이고 실전적이며 당장 활용해서 효과를 볼 수 있는 것들이다.

돈을 벌고자 한다면 문장 쓰기 기술을 연마하여 더 많은 돈을 벌 수 있을 것이다. 영향력을 행사하고 싶다면 사람들의 관심과 주목을 얻고 신망을 얻을 수 있을 것이다.

또한 문장 쓰기는 당신을 성장하도록 돕는다. 꿈이 있다면, 목표가 있다면 머릿속에 자신이 원하는 모습을 그리며 자신의 글과 마주하기를 바란다. 가장 빨리 결과를 내고 싶다면 가장 빨리 성장해야 한다. 목표가 없으면 성장 속도는 빨라지지 않는다.

이 글을 읽는 여러분 모두가 목표를 성취하고 꿈을 이루기를 기원한다.

옮긴이 | **김경은** 성신여자대학교 일어일문학과를 졸업했으며 현재 바른번역 소속 전문 번역가로 활동 중이다. 옮긴 책으로 《숫자력》, 《하지 않는 육아》, 《우주여행 우리도 갈 수 있어!》, 《그 조리법, 영양소의 90%를 버리고 있어요!》, 《집에서 만드는 호텔 샌드위치》, 《시네마 식당》, 《데즈카 오사무 초기 걸작집 세트》 등이 있다.

마케터의 문장
글쓰기 스킬로 연수입 10배 올린 어느 현직 마케터의 실전 테크닉 33

초판 1쇄 2020년 2월 7일
초판 14쇄 2023년 12월 5일

지은이 | 가나가와 아키노리
옮긴이 | 김경은

발행인 | 문태진
본부장 | 서금선
편집 1팀 | 한성수 송현경 유진영

기획편집팀 | 임은선 임선아 허문선 최지인 이준환 이보람 이은지 장서원 원지연
마케팅팀 | 김동준 이재성 박병국 문무현 김윤희 김은지 이지현 조용환
디자인팀 | 김현철 손성규   저작권팀 | 정선주
경영지원팀 | 노강희 윤현성 정헌준 조샘 서희은 조희연 김기현
강연팀 | 장진항 조은빛 강유정 신유리

펴낸곳 | (주)인플루엔셜
출판신고 | 2012년 5월 18일 제300-2012-1043호
주소 | (06619) 서울특별시 서초구 서초대로 398 BnK디지털타워 11층
전화 | 02)720-1034(기획편집) 02)720-1027(마케팅) 02)720-1042(강연섭외)
팩스 | 02)720-1043 전자우편 | books@influential.co.kr
홈페이지 | www.influential.co.kr

한국어판 출판권 ⓒ (주)인플루엔셜, 2020
ISBN 979-11-89995-49-2 03320